U0060440

唐三藏／著

悟空與三藏
是雙生火焰

一本200%真人真事的救世書

目錄

第三部分
源頭眞相、眞理、愛、邪惡、陰謀論

第四部分
我和悟空，及我如何醒覺、蛻變

第五部分
地球人世間 VS. 烏托邦

第六部分
你們可以做什麼

第七部分
最後啟示、結語、後記

簡介

　　《西遊記》並非一般普通虛構小說那麼簡單，它是講述一對雙生火焰帶著神聖重任來到世俗，為著引導眾生、拯救世人的預設劇本。這個神聖重任就是要表達「無條件的愛」及「烏托邦」世界的精神。我相信全世界絕大部分人（若不是全部）都以為《西遊記》只是一本暢銷及著名的虛構小說而已，我以前都以為是。

　　我是如何知道孫悟空與唐三藏原來是雙生火焰？因我就是飾演現代現實真人版唐三藏，而另一位則是飾演現代現實真人版孫悟空。而我們也是一對雙生火焰（一靈兩體、一陰一陽），我們也是靛藍人（長大成人的靛藍兒童，是新小孩的一種）。這是一本可能震驚全世界的書，這本書是200%真人真事。「雙生火焰」、「新小孩」是屬於偏向靈性、新時代、外星範疇、類別的專有名詞，我們可以在google.com，baidu.com，amazon.com，books.com.tw，youtube.com搜尋中英文關鍵字：「雙生火焰」、「靛藍小孩」、「twin flame」、「indigo children」，會找到大量許多中英文資料、書籍、影片。此書會講述我是如何知道、發現我們是雙生火焰，及如何知道、發現我們今生是飾演三藏及悟空的身分及角色。當我知道我們自己是誰及是什麼後，我就知道小說裡的悟空與三藏原來是雙生火焰。當我最初（2017年）親身發現這件事時，我不但驚訝、震驚，我簡直難以想像……我……不是

發瘋……我知道是眞的……我只是承受不了那突如其來的……那種震憾……。我心裡、腦裡oh my god了許多次，又嘩了許多次，只懂得在「oh my god」及「嘩」。那種情緒起伏，表面又好似好冷靜，內心又好似好澎湃……不懂形容。

1. 我旣是新小孩的過來人身分，幫助回新小孩，剖析新小孩的天賦所帶來的世界改變。
2. 我旣是雙生火焰的過來人身分，幫助世人明白眞正的無條件的愛。
3. 我旣是唐三藏的角色，幫助世人、導衆生看破癌細胞的意識、明白眞理／眞相、恢復烏托邦的世界。

我身爲「新小孩」過來人，我會講及我的童年及成長經歷。「新小孩」的靈魂是來自高次元無條件愛的先進文明烏托邦星球世界，內藏帶著無條件的愛及高心靈智慧，無條件自願投生到地球，目的是小則爲著改變／改善某一範籌、地方，大則改變／改善世界、拯救人類、協助地球揚昇到五次元新烏托邦星球世界。

此書是沒宗教、政治背景或種族關係。此書會出現「神」字，但這「神」並非指宗教的神，是指盤古未開時的「源頭（source）」。耶穌和德蘭修女（主無條件的愛）、佛陀和老子（主眞理、眞相、智慧）、加上其他許多的教世者、靈性專家用了二千多年，都仍未能將地球世界變成烏托邦，還有兩次世界大戰發生了，而未來也可能有第三次（我也不知道）。而現在世界每個地方、每天、每分鐘仍有極多大小不同問題正在

發生，現況、現實、事實、結果告訴我們情況是很糟糕，所以人類、世人你們仍認爲你們眞的懂嗎？見過別人的棺材都這麼多次，未見過自己的，所以還未流淚？當你見到自己的時，已沒有時間讓你流淚了。你們還未眞懂，離眞懂還相差很遠。

二千多年後的今天，你們還是這樣，即你們二千多年來從未進步過。眞正進步是社會有多明懂眞理，開放、接受眞相。

此書會講述：
- 「新小孩」爲何被誤解有自閉症、ADHD、隱蔽青年、癈青？
- 「新小孩」有什麼特別的天賦？
- 「新小孩」眞正要學懂的是什麼？
- 你們世人眞的要知懂的三方面是什麼？
- 邪惡勢力／力量N世紀以來一直是如何誤導歪理變眞理、變成現今「主流」社會意識？
- 世人如何被誤導？
- 世界最大的遊戲規則是什麼呢？
- 爲何世界從不和平、不能烏托邦呢？有什麼障礙及阻力呢？
- 新的「成功」社會模式應是怎樣呢？
- 盤古初開是什麼、怎樣？爲何有你？你是誰？你是什麼？人生爲何？爲什麼你來到這世界？眞理、眞相是什麼？
- 世俗出了什麼問題？
- 世俗出現問題的眞正原因？

- 世俗如何與眞理、眞相剛剛相反呢？
- 世俗的所謂「正常」意是什麼？
- 何謂「無條件的愛」？
- 爲什麼會有「有條件的愛」出現呢？
- 我唐三藏所學到、領悟到的是什麼呢？
- 我是如何初遇、認識另一半的我（悟空）？
- 我和悟空有什麼分別？
- 我如何覺醒使命、任務？
- 上天是怎樣告訴我和悟空訊息呢？
- 眞理、眞相爲何被看得很怪呢？
- 眞理、眞相爲何會易得罪人、有生命危險呢？
- 何謂「眞理」？
- 世界最大眞相是什麼？
- 「我們是一體」是什麼意思呢？
- 學校眞的是教你看穿世俗的幻象、假面目、虛假的東西，還是教你競爭、爭勝呢？
- 何謂「生意」的眞正意思？
- 爲什麼甲由會偉大過父母呢？
- 爲什麼甲由是我師父呢？
- 何謂「眞尊重」？

等等……

　　我明白這些是很we-won-won（本地俗語／俚語，意解超自然、難以世俗一般見識去解釋的東西）、離地的東西，所謂曲高和寡，因從地球人角度看，這些烏托邦、理想、完美、崇高、正直的精神意識是先進億年計，距離地球人類相差太高太

遠，但卻是救你們。神在《與神對話》第一冊有講過：「數千年來，人們為了一個最奇怪的理由不相信神的允諾：它們太好了，不可能是真的。所以你們選擇了一個較差的允諾——一個較少的愛。無法相信這些意謂著無法相信神。因為相信神就是相信神最偉大的禮物——無條件的愛，及神最大的允諾——無限的潛能。因為你害怕，並且因為我的承諾太好了，以致你覺得不可能是真的。因為你無法接受那最偉大的真理。因而你們將自己陷入一種叫人恐懼、依賴、不包容的靈性教誨裡，而非愛、力量和接受的靈性教誨裡去。」正如住在另一個地獄星球的人類種族見到你們地球人類文明的意識，他們也會覺得你們的文明、教導很曲高和寡一樣。你會覺得腳踏地上、看到、摸到自己身體、物件很實在、實際，其實是虛假、短暫（註0.1）。事實剛相反，越真、越源頭、越長久的東西，越抽象、越虛無飄渺，像空氣、風、能量一樣。我發覺越先進、越文明、越成熟、意識越健康的次元、時空間、世界、社會、人類、存在／物種（beings），越少限制、越少規矩、越自由；相反，越落後、越原始、意識越腐敗的次元、時空間、世界、社會、人類、存在／物種（beings），越多限制、越多規矩、越像監獄、越沒自由。

其實推理、計劃、計算、階級、金錢、有條件等等這些許多時都不是最好的文化、文明、意識，這些都可能只是地球人世間採用，而一些更好、更進化的烏托邦世界是不會採用的。取而代之，他們會採用心靈感應、大自然、靈性等等。物質、物件的世界反而比較低層次，能量、無形、精神的世界反而比較高層次。我作個比喻：螞蟻世界不明白人類世界有多先進、

進化，反覺得很離地、怪異、難理解，但人類世界很明白螞蟻世界是多麼渺小、落後、原始、狹窄。牠們的一生就只是找食物、建地洞、交配而已，牠們的蟻身所體驗到的不會太大、太多、很有限。

你要有一個全宇宙的宏觀，才看到一個big picture，這是做大事的人；只看到地球、甚至乎只是看到自己，是看一個small picture，這是做小事的人。

註0.1：佛陀早已說：一切皆為虛幻。出自《金剛經》（一本講智慧的書）：凡所有相，皆是虛妄；一切有為法，如夢幻泡影，如露亦如電，當作如是觀。

太先進、太前衛、太好、太完美、太潔淨，地球人接受不到，（正如上文提及神的解釋），跟不上，意識、知識、智慧未去到，那可能便反效果。要就住地球人口味，才入到口。像以前，明星、歌星有男女朋友，公司即雪藏、棄用，但現在即使結了婚、生了孩子都可以上台拿獎，因意識、知識、智慧比以前先進了、進化了、開通了、文明了、及更人道了。現在，明星、藝人只按了一個LIKE了一遍政治性敏感貼文，即遭全面封殺，置於死地。將來N世紀之後，可能他們可以一邊做娛樂圈工作，一邊做政治事務工作都再無問題，同樣因到時的意識、知識、智慧可能比現在更先進了、進化了、開通了、文明了、及更人道了。正於書中內容詳細提及，自古到今，一些權威者、壞人，你一不給面子，就殺你全家；但真正善良的人是不會向你報復、還擊你，即使你攻擊、傷害他們。

我不是一位作家，我寫此書的文筆有許多很口語化及用俚語，這才切合我想表達眞人本性的風格。我只是其中一位訊息宣揚者，我只是要將我親身經歷的眞相、領悟、對世人／世俗的看法、意見記錄下來及表達出來。這本書不是作文、科幻小說、說謊、危言聳聽、妖言惑衆、痴人說夢話、傻、廢話、九噏。若你本身對靈性、新時代、外星人、外星文明、宇宙觀、陰謀論、覺醒、揚昇、古文明、超自然、心靈能力、神學、佛學、道德經、玄學、易學、卜卦、占星等等有認識、知識或興趣，那就可能較易明白。我此書內容有涉及：源頭、靈性、新時代、外星、揚昇、無條件的愛、邪惡勢力／力量等等，而我所講的以上每一個範疇背後，都各有許多專家所講的不約而同和我類似、接近。所以若只得我說，你可能不信，但其實世界各地已有許多專家、書籍、影片都講過與我類似的話。我只是將各範疇像puzzle（拼圖）拼在、整合在一起，就看到一個全貌。

　　此外，我生活在這世俗多年，已被同化成世俗人一樣，我會在此書告訴大家我是如何喚醒自己沉睡已久的、無條件的愛，給你們作參考。我也根據我個人的經歷設計了一個網上課程給你們世人，請到UtopiaEd.com。唯有喚醒自己沉睡已久的、無條件的愛是最快治療你的癌細胞意識，跟著你就自動波地懂走自己餘生神聖的正路。心水越清越看穿現實狀況證明你們主流沉睡了無條件的愛。

當我醒覺我是飾演唐三藏這角色後，我問自己那《西經》會是什麼書呢？我一直知道《與神對話》這書，但我從來沒去看過，但那刻，我又再憶起這本書，我想我要去看一看這本書。一看之下，我就發覺書所講的（也卽神的想法）和我自己一直的觀念、想法、看法很吻合或近似、接近。所以我就確定那就是現代現實眞實版《西經》了。

你們世俗與眞理、眞相剛剛相反。你們在倒轉來行。書中重要的話會重複1~2次，但會較少無關痛癢的話。

網站：

悟空與三藏	MonkeyKingAndTangMonk.com
烏托邦教育	UtopiaEd.com
雙生火焰	TwinFlames.cc
新小孩	NewChildren.net
西經	WesternScriptures.com

書籍類別：
靈性、新時代、外星、陰謀論、自傳

作者

　　唐三藏。我是一個怎樣的人，都不用多介紹。不少書、電視劇及電影都講了。外貌、形態、背景、學歷、經驗、地位、財富、階級、名銜、出身、國籍、身分、性別、年齡、工作、職業、性格、種族等等對世俗社會有參考輔助價值，世俗人很看重、著重這些，但不能作絕對的真理標準。那些資料有時會帶來偏見。我不是一個名字，我不是一個身體，我是一種精神。

給世人：

　　世界靠你們、我們、大家，不是靠我。

　　我會很快死去。

　　未來日子是你們的。

　　世界是你們的。

　　我今生投生下來只是個飾演一位嚮導員的角色，指引、帶領你們揚昇的方向。

　　最後你們選擇滅亡還是揚昇是你們的決定。Default value（預設值）是不進則退，不揚則滅，是遲早的事，現處於兩極之間。不決定、不行動也是作出了一個Default value的決定。

　　這決定、行動看得出誰是真好人、有真才能、有真膽識、有真擔當、有真勇氣、有真材實料、真的漢子。

　　真的漢子不是用槍，不是講打、講殺。如果你是真漢子，就去改變世界。不要等別人改給你，因我不敢說這是弱者、懦

夫、無能、無本事的行為，但這只是一般普通人：等救或等死。

　　誠邀真的漢子加入我們「模擬版的烏托邦小社會」，改變世界，成為偉大的人。我們歡迎你加入，訂閱我們網站，只是留下你的電郵，我們日後會電郵通知你。

三藏

這是我想送給世人兩首歌：

第一首：

《真的漢子》

主唱：林子祥George Lam　作詞：鄭國江　作曲：林子祥

*

成和敗努力嘗試 人若有志應該不怕遲

誰人在我未為意 成就靠真本事

做個真的漢子 承擔起苦痛跟失意

投入要我願意 全力幹要幹的事

誰用敵意扮誠意 行動算了不必多砌詞

迷人是這份情意 誰沒有傷心往事

做個真的漢子 人終歸總要死一次

無謂要我說道理 豪傑也許本瘋子

同做個血性男兒 願到世間闖一次 強調靠我兩手創動人故事

成敗也不再猶豫 用我的真心真意 懷著鬥志向競爭的圈裡追

人生有特殊意義（人生有特殊意義）

能改變我的際遇（人生有大意義）

能演變動人故事（一生也讓你記住）

求獻身維護正義

重複*

註：我要修正歌詞「無謂要我說道理」，道理是需要的。若「道」是指「道德經」裡的「道」，意指「源頭」的話，「道理」應接近或等於「真理」。但世人常誤解將「常理」、「推理」當解作爲是「真理」。「常理」、「推理」是次或低級，不等於、不是「真理」。相反，世俗許多「常理」都是「歪理」，但卻被作爲是「道理」、「真理」。

我要修正歌詞「懷著鬥志向競爭的圈裡追」，不要在競爭的圈裡追，剛相反，要懷著鬥志跳出這種圈子之外。書裡有教你們怎做。

第二首：
《莫再悲》
主唱：林子祥 George Lam　作詞：鄭國江　作曲：中島美雪

*
莫再悲 莫再傷
遇到悲哀休誇張
誰亦要經風與浪
誰遇挫敗不受傷
逝去的 莫再想
路正崎嶇更漫長
何用歎息風裡望
寶貴光陰笑著量

**

愁和哀 風與霜

不會天天都探訪

用幻想與夢想

編織那遠大理想

斜陽好 花正香

跟那寂寞和著唱

歌聲一句句跳越屏障赴遠方

默默的分享 默默的欣賞

路上一切美麗況

人生總會碰著悲哀苦惱

為何流淚看

幸運不稀罕 熱淚不輕淌

願做真正嘅硬漢

何必口說快樂

心中一個樣

重複*

重複**

註：我要修正歌詞「幸運不稀罕」，幸運都是重要。但嚴格來說，從源頭宏
觀來看，幸運是不存在，同樣衰運也不存在，是人為集體共同合作造成。

聲明

第一部分
前言、身分及角色

第一章
前言

　　原來悟空與三藏是雙生火焰，我是如何知道？因我今世就是飾演現代現實真人版唐三藏這角色的人。這是200%真人真事，我的經歷告訴我知的，而我也會在此書裡告訴給大家聽。而另一個人就是飾演現代現實真人版孫悟空這角色。我們是一對雙生火焰。我們是同性別，但異性戀。我們也是靛藍人。這裡是有三個獨立不同的身分及角色：

1. 雙生火焰（一靈兩體、一陰一陽）
2. 靛藍人（長大成人的靛藍兒童，新小孩的一種）
3. 孫悟空及唐三藏（全世界家傳戶曉的東方古代小說的故事人物）

　　三個身分及角色加起來就產生很多、很大、很重的使命及任務。

　　未入正題前，請先留意以下幾點：（**深色字是重點意思**）

　　1. 首先我到現時為止也是不知道究竟古時是不是真有一個生得像猴子、滿身毛、又懂飛天、魔法的人。我也不懂古時是不是真有一個生得像豬頭的人。我也不知道《西遊記》裡的四師徒所經歷的每一個妖魔鬼怪故事是真有其事還是假、虛構

的。但我好肯定這本《西遊記》並非一般老作或完全虛構的小說。它好可能是曾經發生在其他次元時空間裡的事跡，或卽使沒有，這故事也必定是由高靈透過原著作者的意識傳達這故事，又或者是原著作者的潛意識早已儲存這記憶，而作者在潛意識裡憶回這故事（所謂「靈感」到）。《西遊記》是講述一對雙生火焰帶著神聖重任來到世俗，爲著引導衆生。我現在所說的，可能有許多人都不明白我說什麼，不理解，所以就不相信，便擱置了。因爲……（請看下一點）

2. 首先你要對靈性、新時代、外星人、外星文明、宇宙觀、陰謀論、覺醒、揚昇、古文明、超自然、心靈能力、神學、佛學、道德經、玄學、易學、卜卦、占星等等有一定起碼基本程度的認識、知識或興趣基礎，否則你不但不會明白、也不會相信，只會覺得我寫這本書是在作文、科幻小說、說謊、危言聳聽、妖言惑衆、痴人說夢話、傻、廢話、九噏（註：這「九」字取其諧音，意隨口講當祕笈。我不能用正字，因正字是粗口，有粗口字可能會令本書列爲限制級別，還可能很抗拒。）世俗主流不外乎教你：七情六慾、紅白二事、節日慶忌、名利權、吃喝玩、老病，總括二十個字講完。大部分人都集中在主流，但主流只是眞相的一個極微細小的一點。眞正更大更多的眞相卻在主流以外，卻沒人接觸、知道、明白、了解，因主流由細到大都不會教、不會講，甚至乎壓制、隱瞞。一個人一出生已被主流的大遊戲規則限制住，主流的最大遊戲規則就是：名、利、權。而其他一切伸延都是建基於這名利權的遊戲規則、遊戲基礎上。無論你怎玩，玩什麼都離不開這最基礎、最大、最終的遊戲規則。**要改變這世界，就是要改變這**

最大「名利權」的遊戲規則、遊戲基礎。名利權已是久遠、過時、原始的社會文明模式，這模式已從遠古時代、根深蒂固地一代傳一代地教化人類的意識，於是直到現在世界社會人類的動機都仍然不是真心為共同大圍人事物好，而是為自己的名利權好。在這地球世界、社會、世俗、人們都是採用「有條件的交換要求」的生活模式、遊戲規則。看似好似好合理、好正常，是因我們一出生，社會已是這樣了。但如果幻想你出生在一個烏托邦的星球世界，你還認為這地球世界這樣仍是正常嗎？就是因為「有條件的交換要求」，所以世界直到現在沒可能和平。在二千多年來，耶穌和德蘭修女（主無條件的愛）、佛陀和老子（主真理、真相、智慧）、加上其他許多的教世者、靈性專家都仍未能將地球世界變成烏托邦，還有兩次世界大戰發生。可想而知，不要少看人類的面子、傲慢及有病的意識，足以摧毀、毀滅地球世界，攬炒（意互相一起滅亡）。現主流社會大家都是同而不和，烏托邦的世界是和而不同。**事實上，許多真理和真相與現實主流社會世俗剛剛相反，你們在倒轉來行。**

　　如一向有認識開靈性、新時代、覺醒、揚昇的人，加上互聯網、文章、視頻、書籍、講座、課堂、及其他行內的特別西方導師一直以來所談的內容，你是知道我現在所說的這些都是真的，而我也無法騙到那些超然的專家。事實是，我在此書裡所寫的個人事跡及經歷是200%真人真事，而《西遊記》小說裡的悟空與三藏角色絕對不是完全虛構，是神聖有意思地刻意安排，這意思就是要表達及引導「無條件的愛」及「烏托邦」的精神。

3. 我不是專家，對我衡量的標準而言，「專家」是在某一範疇最起碼基本是全知。我也不敢當稱是師父，對我衡量的標準而言，「師父」是對整個宇宙及所有人生有整體最起碼基本是全知，及不再是學生，及不需要再學東西了。**我只是訊息宣揚者，及分享我自己的親身體驗及經歷，及主觀地表達我的觀點、看法、領悟而已。我不能，也無法用「客觀」去寫，**因：一、文字與語言本質就是主觀、有限制，也許只有地球人才會用這種溝通方法；二、我們身處的此宇宙之外，可能還有其他無數的／無限的宇宙或／及次元；三、我們的始創者——神——之外或背後也可能有其祂無數的／無限的更大的神(註12.2)；四、所謂「客觀」其實意味著「有限」，真相是無限(註12.2)。「真相」是很離地、很抽象，很虛無，好像一個觀念、意識，但這確是真正事實。相反，我們腳踏地上，看似覺得好似好實在，好真實，反而是好假，特別是人類。

如我用「客觀」二字，我就真是不知天高地厚。其實我所領悟到的感受及訊息都是和其他覺醒或開悟的作者都是一樣或接近，我意思想說我不是唯一一個只有我講，我只是其中一個，我所講的也不是什麼新東西，但在數千年來或N年來，知、明、懂、信、做的人比例上（percentage）則還是很少。我會在此書節錄一些來自《與神對話》系列裡神所說的，我們所看到的東西都是差不多的。

4. 在烏托邦的世界裡，每人都可以說真話及無條件地付出及獲得。但在**地球，真相、真理、直話、正直、事實往往都會引起：小則難聽、得罪人，大則更會惹來危險、被追殺、殺**

身之禍。例如：古時有耶穌以「莫須有」處死。又例如：阿桑奇（亞桑奇）、斯諾登（史諾登）的具爭議事件。因防戴安娜爆皇室之事而被MI5－John Hopkins暗殺等等流「傳言」。（註：我並沒有任何政治及宗教取向。）基於人類的面子、傲慢、名聲譽、利益種種因素，世間上有許多眞相都被埋沒、掩飾、包裝、更改、刪除。

此書，我只會用及意「部分」、「某些」、「一些」、「傳言」等等指人、事、物、地方。這些字眼「部分」、「某些」、「一些」意指並不是全部，0.01%是「部分」，99.99%也是「部分」，0.01%~99.99%之間都是「部分」。我不想得罪人，也爲了保護你的面子。所以請**不要對號入座負面或邪惡的那一邊**，你越給反應，人人都知是你。你不認，沒人知，沒人在說你，沒事發生。

5. 老子的《道德經》一書中的第一章第一句：「道可道，非常道。名可名，非常名。」坊間各有不同的解讀。我不是專家。但我想講越接近源頭、越眞、越接近道，越不可、也越不能用文字、說話、語言表達、形容、解釋出來。一說就已有錯、有漏洞、有破綻，一寫就已錯了，一做就已錯了，那是超出人類的智慧，**最接近都只會是會意**。無論文字如何寫得正都是錯，因件事、現象本來就是無名稱，是自有人類而對它命名。又例如狗仔對那同一件事、現象，又自有牠們自己的理解及溝通。卽各自生物存在都各自有其主觀及早已標籤件事及現象，所以人類所說、寫已錯誤了、破壞了其件事及現象的本質了。我舉個例：我覺得這是一對鞋，鞋是用來穿在腳上，鞋是

第一部分
前言、身分及角色

污糟，所以要放在地下。但狗的理解是牠可能覺得這是一個玩具，玩具是用來玩，喜歡放在床上玩的。這物件本質是同一樣東西、本質沒有對錯之分、及本質沒有指定意思／意義，是人、狗、生命覺得它是什麼就是什麼，最接近都只會是會意。

6. 對於靈性、新時代、外星人、外星文明、宇宙觀、陰謀論、覺醒、揚昇、古文明、超自然、心靈能力、神學、佛學、道德經、玄學、易學、卜卦、占星等等學問，有時有些人相信A，就會否定B，硬要二選一或多選一。**我認為以上所有學問都是ok可信，而且可以集合於一身，多不同角度、觀點、學說去看同一件事也會立體一點、全面及真一點。**我並沒有任何宗教信仰或是任何宗教信徒，但我會去聽、閱讀、學習以上所有。我用一個比喻：我會去跟四大天王（在香港80／90年代非常出名的四位歌手）及不同歌神、歌手、歌唱老師學唱歌，將不同歌藝集於一身，融匯貫通，互補不足，但我不是他們任何一個fan club會員。Fan club會員不一定懂唱歌，懂唱歌的也不一定是fan club會員。兩者並沒有直接，但有間接關係，意即「不完全等於」。將各適合自己的，綜合起來便組成自己獨特的一套歌藝，但並不需要限制自己單一的唱功、方法、身分或組會。不適合自己的，也許適合其他人，也不能否定它的存在和真確性。

請不要誤會，我個人不反對，也不說服別人要加不加入某一宗教做信徒。事實上，我是很喜歡、尊敬及欣賞耶穌、佛陀、老子、德蘭修女，他們都是我的師父，我會跟他們學習。若你是一位信徒，你必須要守規條，否則你會被稱為叛徒。我

是不受限制，我只需向我自己內心最真、最神聖交代。身分對某些部分世俗人很看重、很重要，但對我來說是無自由。最重要是真懂，**一個真懂真理的人根本是不會理會、在乎身分、頭銜、會藉或派別。**因為沒有這個、沒有那個，只有一個。你到底明不明？

7. 以上這些學問不會是主流，科學、醫學、政府也不會承認及認同，就像「鬼魂」、「風水」一樣，至今仍不會是主流，社會各界別也不會公開承認及認同，但事實是不是真的不存在呢？有時眼看得見，不一定是真的，例如：魔術。有圖真的有真相嗎？現有PS可改圖、執相，又有CG。眼看不見，也不一定是假的或不存在，例如：細菌。耳聽到的，不一定是真聲音，例如：配樂／配音。耳聽不到，不一定沒聲音，例如：蝙蝠的高頻聲音，人類耳朵是聽不到的。你親鼻聞到的不一定是真的，例如有花香的香精，不是真花香。你聞不到的也不一定不存在，例如媒氣（媒氣本身無味，人害怕漏媒氣時便很危險，所以後加臭味）。你親口食到的不一定是真的，例如橙味餅乾是沒有橙成分。你叫人食屎以為是咒罵，但有人很喜歡食金粒餐（日本大便料理）。你有乘過太空船飛到太空，親眼看過地球是圓形嗎？如沒有，那為何你相信地球是圓形呢？人類相信一件事是因：一是權威、二是大多數。那若是平民、少數或例外是不是就代表／表示錯、不可信呢？

「權威」加「大多數」就變成「主流」。**「主流」相對「真相」就好比「地球」相對「宇宙」一樣渺小**，九成九（或99%）人只知道「主流」（即一成一（或1%）的真相），九成

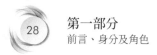

九（或99％）「真相」只得一成一（或1％）人知道（實際比例可能更小，數字只作比喻）。一個求真的人，往往容易被人感到他／她在挑戰，其實只是反思及反問去尋求最真、最源頭的根本原因、因由而已。人感到被挑戰是因面子及自尊心的問題。地球大部分人不喜，也不善於求真，而**事實、真相往往是例外之中再例外裡找到。**

「真理」意絕對、一定、100％、沒例外、沒破綻。世事何曾絕對呢？那為什麼你這麼肯定哪一定是對、哪一定是錯呢？是觀點與角度的不同。「天下、世上的父母都很愛他們的兒女、都想他們好。」這一句話是真理嗎？我打賭差不多一半人以上不需思索，都會說是。這就是問題，對「真理」不夠敏感。**要真正open mind，要看到例外、漏洞、破綻，反思、了解為什麼違反「常理」。「常理」不等於是「真理」。**

我本身就是一個例外之中再例外的真人真事的好例子。幻想你一出生就住在烏托邦的星球，你還會覺得地球世界社會叫正常嗎？

所以即使這本書的內容，我是無法用主流社會公認的權威的科學、醫學去證明，但並不代表那就不是真或不存在。因為以現時主流的科學、醫學就像古時未到有穿梭機、手提電話、互聯網的階段，所以古時證實不到外太空（這點可能錯，據聞古時已有人知道）、人可無線交談、百科全書在雲端。人類的智慧未去到。

我這樣看：大部分欺騙事件、或壓制、包裝真相的背後動機及目的不外乎是：1. 為獲取或維護利益，2. 為出名或聲譽，3. 為掌握控制權，4. 為報仇，5. 為貪玩，6. 黐了線（神經病）。如某件事的背後動機及目的不是以上6樣，再加上有許多不同的人（即使比例上很少人，世上1%人口都已有7千6百萬人，以2018計止）不約而同地解說同一番話，再加上那些人的認真、專注、嚴肅的態度，再加上假如它是真的，會造成有很大影響。那件事便是值得大家去參考及研究它的真確性及可信性。

8. **現代現實真實版《西經》就是：《與神對話》系列的書籍。**在我還未閱讀過《與神對話》系列的書籍之前，我從不用「神」這字，因這字實在太濫用了及偏向宗教味太濃了。各宗教各有自己的神、外星人又被叫神、神龍氏又是神、黃大仙又被叫神、觀音、菩薩、關帝又被稱乎為神，周圍都是神。我想指的其實是指盤古初開或甚至乎盤古未開時，科學都有說整個宇宙所有時間、空間、萬物、生物、死物、一切，包括你、你的意識，都是因從由同一點Big Bang（宇宙大爆炸）源頭產生及發展出來，所以我用「源頭（source）」、「大靈」字眼。若果只有死物、物質，只會繼續仍是死物、物質，不會因時間長而變了生物、生命。所以那一點大爆炸裡（也即「源頭」）是必然包含著「意識」，否則你的意識從哪裡來呢？那當初「源頭意識」究竟為何要產生大爆炸、萬事萬物、你、我、他／她／牠呢？一切世俗的問題的終極答案都在起始源頭裡，終點就是起點，目的地就是尋回最初動機、原意。這稍後章節有解釋。

一直至我非常後期，即當我醒覺我是飾演唐三藏這角色後，我問自己那《西經》會是什麼書呢？我一直知道《與神對話》這書，但我從來沒去看過，但那刻，我又再記起這本書，我想我要去看一看這本書。一看之下，我就發覺書所講的和我自己一直的觀念、想法、看法很吻合或近似、接近。所以我就確定那就是現代現實真實版《西經》了。《與神對話》系列的書籍裡所用的「神」字是意指「源頭（source）」、「源頭意識」、「大靈」，所以日後為與該書一致，我才轉用「神」這字。

源頭的神或越接近源頭的神，與其祂我們世俗所稱呼的神（黃大仙、觀音、菩薩、關帝等等）有什麼分別呢？最大分別就是：**前者是無條件愛你**。祂無須要你或無要求你的鮮花、生果、禮物、上香、跪拜、香油、燒寶紙、或任何要求／守戒等等，祂都一樣會幫你、愛你。如有一位神說可以幫你名成利就、財源滾滾、順風順水，但必須要你什麼什麼條件交換的話，那可能是一位較次級的神。越要你付出越多越大的交換條件，越傾向邪惡。同人一樣。我不清楚黃大仙、觀音、菩薩、關帝有否要求人送鮮花、生果、禮物、上香、跪拜、香油、燒寶紙給祂們，或許只是人一直一廂情願的想法，又或是人一直為賺錢而設。（註：真理就是有時可能會倒人家的米，那為什麼當年有那麼多人憎恨、討厭耶穌，想要他死，特別是那些好及既有名利權利益的人都想要他死。兩千多年後的今天都一樣，真理依然被歪曲，講真理的人依然有時會被人討厭，甚至乎陷入危險。）

我認為「神」的說話比起我的故事對世人更有用、更有價值，所以我最初原本第一次寫這書的稿件時，我是節錄摘自許多《與神對話》書籍的內容，我的故事只寫重要部分，只占整書很少比例，但這樣本書便變了《與神對話》摘要（summary）。我現在改了、重寫，變了絕大部分內容會是我個人第一親身主觀的真實故事、經歷、體驗、體會、看法、領悟，但仍有加上一點點部分該書的節錄，因我說的你可能不信，但那也是神說的。

註：我再重申一次，我及此書並沒有任何政治、宗教、種族或地方取向。

或許即使我真的只是自我對號入座成唐三藏的角色及身分（因我都常有自我懷疑，有時甚至乎太過不相信自己，自以為錯。他則剛相反，自我肯定，有時甚至乎太過分相信自己，自以為是／自以為對。）但我今生完全不似一個普通人，你看我寫這些東西就知啦！好另類，另類通常都被指不是天才，就是蠢材，不是聖人，就是騙人。

但最起碼發生在我身上及我所經歷令我發現那本《西遊記》所謂「小說」、「故事」裡的唐三藏及孫悟空是雙生火焰。而「雙生火焰」這個詞語只要你去搜尋視頻及英文書籍，是早已確實存在。唐三藏和孫悟空的性格完全吻合雙生火焰的條件及定義。所以好肯定一個結論：《西遊記》絕非一本虛構小說那麼簡單而已。他的寓意、意思、意義最起碼都是來自神聖、靈性。世人應好好respect（尊重）及領悟。

第二章

何謂雙生火焰？

　　「雙生火焰」是一個靈魂投生到兩個身體。一具身體主代表我們的陰性面向，另一具身體主代表我們的陽性面向。「雙生火焰」並非就是異性情侶、戀人，可以是，也可以不是。沒有任何性別、職業、階級、年齡、種族、關係等等任何界限、限制。一個凹、一個凸，一個有、另一個就無，一個多、另一個就少。你幻想用一把彎彎曲曲的刀將一個圓形蛋糕分為二。他們相反得來，卻又同一類人，但又不同見解，但卻又互相欣賞。但卻也有夾或不夾、甚至乎不愉快的時候。

　　「雙生火焰」結合一起是產生創意、力量及表達無條件的愛，也表示了整個世界、或甚至乎整個宇宙的一小部分的縮影。「雙生火焰」這名詞較偏向屬於靈性或新時代範圍。靈性或新時代這兩方面在華人社會裡較不算多人、大眾會喜接觸，這個名詞在華人社會裡更陌生。但如到youtube.com、google.com搜尋關鍵字：twin flame、雙生火焰、雙生靈魂、雙生光，可以找到許多許多影片及大量資料。我不在此詳談，可自行搜尋。如到amazon.com搜尋關鍵字：twin flame，可以找到許多英文書籍。暫時沒有整本中文書籍專講「雙生火焰」（到26/3/2018為止）。西方對此認知較多及早許多了，但其實這是全球性的事件，因「雙生火焰」在全球世界各地都有可能存在，只不過有多少及知不知道而已。

第三章

何謂靛藍人？

　　「靛藍人」是「靛藍兒童」長大成年後的稱呼。「靛藍兒童」是「新小孩」裡的其中一類別。「新小孩」包括許多種類、類別，例如：水晶小孩、彩紅小孩、鑽石小孩等等，可參閱《來自宇宙的新小孩》一書，作者：梅格‧布萊克本‧洛塞博士Dr. Meg Blackburn Losey。「靛藍小孩」、「新小孩」其實已存在很久，只是70年代開始陸續漸多，才被人發現及命名。所以在坊間的視頻youtube.com、英文書店amazon.com、中文書店books.com.tw或google.com搜尋器輸入英文關鍵字「indigo children」或中文關鍵字「靛藍小孩」，你是可以找到許多許多（我要說兩次，因真的不是什麼新鮮事）中英文影片、中英文書籍及中英文資訊，而且裡面已有許多西方地方（特別是美國）的博士、醫生、心理學家、教育家、老師、父母、專家、當時人證實（可另參閱《靛藍天使1~3冊》）。雖然不是、也不會整個主流醫學界、教育界別認同，只是部分個別專業人仕認同、證實，但只要你去看看那些報導、紀綠片、影片、書籍，是很容易知道那些不是吹水（意不是講癈話）。不會有這麼多專家在他們的工作上，很認真地、嚴肅地用這麼多時間、資源去研究，而只是為了欺騙或玩玩而已，所以這是很容易去知道「新小孩」是真的存在。不過東方地方則較少人開始知道及接受。以華人地方，中港台為例，台灣已有出版相關書籍及電視訪問、專輯報道，也有兩位特別

著名的台灣靛藍人：藍米克及王家華分別親身廣泛接受訪問，敘述自身經歷，及出書。台灣也有一位臨床心理師張艾如院長，她是少數華人很早已知道、了解及接觸許多「新小孩」的個案，她在台灣一年已多達200多場（這數字是根據她網站所寫）有關「新小孩」在各中小學校演講。台灣的老師及父母頗能接受「新小孩」，學習如何教導及與他們相處。她的共四輯「新小孩」主題的電台訪談及我親自解說的專題，可到我的網站NewChildren.net找到。因為沒有或很少臨床心理師或醫學界或教育界的人敢說或承認這些的，他們會害怕成為怪異類及飯碗不保。有些部分人即使知道也扮作不知，寧願放棄這些小孩。張艾如是一個難得的一個例外，她的講解我認為很好，很建議收聽她的訪談及／或閱讀她的文字版的訪談解說。

在華人裡，台灣對「新小孩」已算較開放、多認知、接受及採取相應處理。在其他華人地方，似乎關注度不大或對此方面的認知接近0（零）。

「新小孩」是全球性大量遍布全世界各地。根據另一位西方催眠專家Ms. Dolores Cannon朵洛莉絲‧侃南女士，她透過催眠許多她的客人到超深層意識的個案中，得到許多來自高次元的存在及外星生命存在的資訊、訊息、答案。她將與客人在催眠時的對話錄音編制成一系列很出名關於宇宙真相、外星人的書籍，全球翻譯多國文字。在youtube也能找到許多她的演講及世界各地也有她所教催眠的學生。我認為她的書籍是一流，她貢獻良多，只是世俗人的覺醒能力不夠、無意向求真、無興趣放在這些大事議題上或看不明而已。她在其中一本著作

《三波志願者與新地球》裡說「新小孩」，我在此引用該書裡 p.16~p.17、p.25~p.27的一段：

「我工作的時候聽過許多一切都是由能量組成，形體和形式端視頻率與振動而定，能量不死；它只會改變的說法。我被告知地球正在改變她的振動和頻率，並準備要升入新的次元。

我們的周遭一直都有無數的次元。我們看不到是因為當它們的振動加快，便超越了人類的視力範圍，對我們而言，它們就如同隱形。人類現在正要轉移到新的次元，而這個過程很快就要到達頂點，所以能多瞭解次元的轉換至關緊要。

地球是一所供我們學習課程的學校，但她不是唯一的一所。你曾經在別的星球居住過，曾經在別的次元中生活。你做過許許多多你甚至無法想象的事。過去幾年和我合作的許多個案，都曾回溯到自己是光體而且活在一種至福狀態的時候。他們原本沒有理由要進入地球的密度和負面，他們是志願在這個時候來協助人類和地球。我認為我遇到的這些新來地球者的靈魂有三波段。他們之所以在這個時候前來，是因為絕大多數在這裡累世生活的人已深陷業力而沒有進步。他們已經看不見自己活在地球的目的。

分成三個波段來到地球的靈魂有雙重目的：一是改變地球的能量，以避免發生大災難；二是提升人類的能量，好讓我們能與地球一起提升至下一個次元。在成百上千個催眠療程期間，我開始估計三波段靈魂的大約年紀。他們都對自己這世的

生命有同樣的說法，在催眠時也都回到同樣的情況。因此我粗略地依據他們現在的年齡將他們分類。

第一波段的靈魂現在大約四十多歲到六十出頭（生於一九四O年代末原子彈爆炸之後），他們是最難適應地球的一批。他們不喜歡這個世界的暴力和醜陋，他們很想回「家」——即使他們的意識並不知道「家」在哪裡。情緒令他們不安，甚至會癱瘓他們，使他們不知所措。尤其是憤怒和仇恨之類的強烈情緒。置身在表達這些強烈情緒的人身邊，他們會無法應付。這些情緒對他們造成戲劇性的影響，就好像情緒對他們來說很陌生。他們習慣於平靜和愛，因為那是他們在自己的來處所體驗到的，所以面對其他情緒時很不習慣。即使這些人過著很好的生活，有充滿愛的家庭和一份好工作，許多人仍試圖自殺。表面上看來沒有合乎邏輯的理由，但他們就是如此不開心，他們不想待在這裡。

第二波段的靈魂現在大約是年近三十和三十多歲。他們普遍說來不太起眼，人生過得也沒有那麼辛苦，他們一般專注在幫助他人，不造業。他們被描述為天線、信標、燈塔、發電機、能量管道。他們帶著能夠影響他人的獨特能量來到地球，他們什麼都不用做，只要待在這裡，便能對其他人有很大影響。我被告知，他們只要走過一個擁擠的購物商場或雜貨店，能量就能影響到和他們有接觸的人。

第三波段的是新小孩，其中有許多人現在正值青少年階段。他們帶著所有必需的知識來到地球，這些都在他們的下意

識層面。為了適應新的振動和頻率，地球上每個人的DNA現在正在改變，但這些新小孩的基因已經是不同的，被調整了。他們已做好前行的準備，不會有什麼困難。當然，許多這樣的孩子在校都被誤解，令人難過的是必須用藥。這些孩子並沒有問題。他們只是更先進，而且在不同的頻率運作。因為他們太聰明了，在學校很容易就覺得無聊。我被告知他們需要挑戰才能維持對事情的興趣。這群孩子被稱為「世界的希望」。其中有些只有九或十歲，卻已經從大學畢業。而令人讚嘆的是，他們正以幫助世界孩童為宗旨成立組織。」

以我所理解我所閱讀過的資料及我的親身體驗，「新小孩」的靈魂是來自高次元無條件愛的先進文明烏托邦星球世界，內藏帶著無條件的愛及高心靈智慧，無條件自願投生到地球，**目的是小則爲著改變／改善某一範籌、地方，大則改變／改善世界、拯救人類、協助地球揚昇到五次元新烏托邦星球世界**。Ms. Dolores Cannon朵洛莉絲・侃南她更說：「地球將會分爲兩個。舊的（即現實的）仍然會存在，新的將會更美好。」因沒可能所有人都能做到無條件的愛，始終有許多人仍喜歡及習慣現時舊有名利權的社會模式。但不要問我怎分，詳情請自行閱讀她的書籍。而所有各方的「新小孩」專家的資料（可參考《靛藍天使1~3冊》）都有提及到有許多「新小孩」被誤解爲自閉症或／及ADHD（專注力失調／注意力不足或／及過度躍症），被當病人診症或吃藥。又或被誤解爲隱蔽青年、癈青。不一定每位「新小孩」都被誤解爲有問題，但如被誤解爲自閉症、ADHD、隱蔽青年或／及癈青，那首當其衝受靶、受苦的一定是當事人那位「新小孩」。

被誤解的原因是：「新小孩」是內置／內藏烏托邦的意識及思維的高次元靈魂，「新小孩」在地球以比例上屬少數類別，大部分在地球的人類都是低意識及思維的低次元靈魂。所以，一來：雙方大家不明白大家；二來：地球的文明、文化、習慣是以少數服從多數，弱勢服從強勢／權威，多數及權威壓倒少數及弱勢（其實這是一種欺凌）；三來：地球的所謂「正常」的定義是以多數或／及權威作為標準、準則、主流、遊戲規則；四來：不遵從標準、準則、主流、遊戲規則的就會被視為異類、有「問題」、被打壓、被排斥、被歧視、甚至被殺掉。所以在地球，部分「新小孩」會被視為／被解作為有問題。但在宇宙的角度來看，地球的戰爭、污染、破壞、恐怖、殘暴、貧乏、苦痛、傷害、仇殺的意識及能量是宇宙的一個嚴重、重大問題。所以「新小孩」自願投生／犧牲到地球「溝淡（意稀釋）」、治療、教導真相或／及拯救眾生／世人的意識、思維、能量及改善地球。要知道一個星球的生物或地球人類的意識有多高及真，看看這星球是否烏托邦、是否和平、是否有第三世界，即貧窮、瘟疫、饑餓、戰爭就知得一清二楚。

　　「新小孩」本質性格比較正直、誠實，因此說話比較直或直接，加上他們的天賦是較易能洞察人事物的漏洞、錯誤，對違反真理、真相的人事物、言行舉止特別敏感，或容易識穿背後真正動機及陰謀。又再加上不懂、不善地球世俗社會人類的文明、文化（即掩飾、面子、自尊心、名利權、貪嗔癡慢疑、面具、藉口、假意、奉承、拍馬屁等等）。他們許多時只對事，說出自己感受，憑著善意，為更好，想改善，不是刻意有心傷害任何人或對方。在他們的意識、角度看法是一件很理所

當然、正常、正確去表達、做的事或說話，也是他們比許多世俗一般普通地球人（包括什麼師、醫生、導師、教師、父母、有名利權的人等等）優勝的天賦，也是因此他們投生來到地球是為了你們人類地球世界文明、文化、社會、模式、規則作改進、改善、改變，拯救、協助人類揚昇、進步下一階段。

但世人、大部分世俗一般普通地球人（包括什麼師、醫生、導師、教師、父母、有名利權的人等等）為保護自己面子、自尊心、利益關係反攻擊「新小孩」的善良、仁慈的內心，說不跟規矩、反社會、怪異、駁咀等等，使他們內心受創、受壓、沮喪、低落，結果他們不再出聲、沉默、不再理會外間的社會人事物，放棄幫助別人、改善社會、世界，照跟著／跟回現實地球人社會模式生活／生存（就是天天機械式工作生活，升職加人工、結婚生仔、去旅行、買樓買車、抱孫、等退休。好似過著所謂「正常」人的生活。及學懂融入地球世俗的文明、文化、習俗（即掩飾、面子、自尊心、名利權、貪嗔癡慢疑、面具、藉口、假意、奉承、拍馬屁等等）。但這樣對他／她自己是一件發瘋的事，只是強行抑壓、違背天賦、任務、使命、真善美、理想。對世人也是一件打倒他們自己的恩人、救世者、善良充滿偉大的大愛的犧牲者（若他們不是為你們世人，是不會那麼戇居、辛苦都要投身來到這落後的鬼地方）。世人不但不感謝、不配合，還要拒絕、阻撓、擠壓、攻擊「新小孩」幫助世人自己。

部分「新小孩」不想接觸外界、或有時情緒失控、爆發、崩潰，做出傷害、攻擊或殘忍自己或別人的事，甚至死亡，原

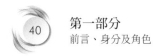

第一部分
前言、身分及角色

因是：舉個較極端的但也不差太遠的比喻：一位天使投生到地獄，希望導魔鬼向善，結果：一、早死；二、自己都變成魔鬼。但若天使不想早死或變成魔鬼，希望融入與魔鬼生活，天使很自然感到難受。現在世界社會是同而不和，但烏托邦的世界是和而不同。這已叫「新小孩」難適應，他們需要降低他們的智慧、不要真誠實、不要真正直、不要真理、不要那麼純潔、要邪惡一點、要古惑一點、要歪理一點來遷就、配合大部分地球世俗人。那比喻會較容易明白他們的感受。魔鬼從魔鬼的角度看，不會覺得魔鬼、地獄有什麼問題、有錯、或不正常。魔鬼只會覺得天使跟他們作對、不給面子。在現實社會裡，乞丐、倒垃圾的亞姐／亞叔、弱勢人士、殘疾人士、「新小孩」許多時都沒有傷害人，不是做傷害人的角色，也沒能力做到有多大傷害人的事，但反被討厭、打壓、批判得最多、最大。這是一種欺凌。真正非常傷害到人的人、真正非常殺傷力大的人，你是不會敢據（意手指接觸）他／她一條頭髮。可想而知？明不明白呢？人喜歡欺善怕惡，世上無人敢做真好人，世界何來會真好呢？「新小孩」都沒有批判、打壓、干預世俗人這些大問題，他們只是免受世俗傷害及免給世俗麻煩而引起衝突，所以自己單獨起來。但世俗人卻反批判、打壓、干預「新小孩」的小生活。

以上雖說「新小孩」，但已包括「靛藍兒童」、「靛藍人」。

若你們想看看你的小孩或兒女是否「新小孩」，可參考台灣臨床心理師張艾如院長的共四輯「新小孩」主題的電台訪談及我親自解說的專題，可到我的網站NewChildren.net。

第四章
西遊記裡的悟空與三藏

　　悟空與三藏的《西遊記》故事已是耳熟能詳，深入民心，歷史悠久，卻歷久常新。雖然是東方小說故事，但全球都聽過，看過不同版本的電影、電視、書籍等等。首先，我是不知道究竟N世紀前、古時是否真的有位像猴子滿身毛、能飛天的人、是否真的有位像豬頭的人、是否真的有人變成白馬、是否真的有個叫白骨精的妖魔鬼怪。但我好肯定這絕對不是一個完全憑空老作的虛構小說，它最起碼是寓意、比喻一對雙生火焰及他們的隊友已預先按排一同去拯救人類意識上的癌細胞問題、導衆生。

　　三藏要騎坐白馬是有特別理由，在現代版的我也一樣有這特別理由，但現代當然不會、也不可能再是騎著白馬出街周街走了。三藏也有現代版的禪杖。悟空同樣也有現代版的七十二變、金睛火眼、金鋼棒等等，金鋼箍除外。但這些東西在現代20XX年真人版又會變成是怎樣，又或是什麼呢？八戒、沙僧在現代版又會是怎樣呢？我暫不會在此書談，或許日後會在我的網站裡再說，或再看看情況或機會在下一本書再說。請到網站預先subscribe留下電郵，以便日後通知你。因這些即使你知道，對你或世人得到治療、對地球得到揚昇沒多大幫助，不是那麼首要重要。寫出來純粹滿足大家的好奇心而已。

重要的是《西經》——《與神對話》系列的書籍，視它為一本基礎藍圖，跟著就是其他作者的書籍，例如：Ms. Dolores Canon朵洛莉絲・侃南的一系列《迴旋宇宙》的書藉、Ms. Omnec Onec歐米娜・歐涅克的《金星三部曲I~III》系列的書籍、Mr. Enrique Barrios安立奎・巴里奧斯的《阿米・愛的三部曲》系列的書籍、Ms. Anita Moorjani艾妮塔・穆札尼的《死過一次才學會愛》系列的書籍、巴夏的演講等等許多許多不同靈性、真相、外星文明的書籍。我總括你們世人真的要知懂的三方面：

1. 過去：盤古初開或未開、源頭、我們是一體、我們的目的、人生是什麼、你是誰、你是什麼、為何有你、靈性、靈魂學。喚醒自己根本、本來就是無條件的愛、是神、是神性、完美、卓越、偉大重要。

2. 現在：《與神對話》系列裡有一本書籍，書名是：You've got me all wrong。《與神對話》電影裡有位觀眾問作者尼爾Neale：「如果神有一個信息，給我們所有人的最重要的信息，請問你能不能把這信息用一句說話表達出來呢？」作者尼爾Neale答：「我會用五個字：You've got me all wrong（你們誤解了我所有）。」如你們有閱讀過《與神對話》，就知道神其實是一切萬有、存在與不存在、所有東西。你們誤解了神所有，即等於你們誤解了一切萬有、存在與不存在、所有東西。直接難聽點講就是：你們全錯了。你們不知道自己錯什麼、知道後又不承應、承應後又不改、出了事、就不關自己事、別人死是別人的事、最緊要自己無

事。…………（唔……有些難聽的說話我還是刪除較好……下刪數千字）…………總括這點，就是明懂現況、人事物、社會、各方面做錯了什麼。

3. 未來：參考一些善良外星文明的生活及社會模式是如何，烏托邦的世界是如何、怎樣，及參考那些善良及來幫助人類的高靈的意見。時間銀行雖然不是完全100%無條件，但作為進化轉變是一個很好的模式。

補充點：時間銀行暫時多用在長者社群。他們大都不是為自己賺取利益而做，而是為了自己真正需要幫助。當大家都真正需要幫助，但大家又不是好有錢，便大家團結互相幫助，獲得時間積分是條件上的副產品。好是因大家的共同意識、動機、目的是大家團結互相真心想去幫助及得到幫助，雖然不是完全無條件。所以如果時間積分可換錢或以賺取時間積分為「成功」定義的社會模式就會有問題，因意識、動機、目的變了質，本末倒置了。

而某些部分地方的政府是因為可以減輕對長者、退休者的財政支出才讓實行，雖然那並不是真心鼓勵。時間不像金錢，1分鐘就是等於1分鐘，$1成本可以等於$1000售價。工作同值的觀念，勞動不分貴賤，每個人的工作時間都是平等。時間銀行提供一個機制，用來建立或實施社群互助合作。其意義、概念是用自己的勞務（Labour service）或專長、興趣，來協助他人。據維基百科資料，目前，北美、歐洲和亞洲30個國家的1000多個社區的企業都採用了這個系統。

但我個人已構思及設計了另一個我暫認為比時間銀行更好的模擬版的烏托邦的小社會。請看之後的章節有述。

但我也順帶一提，事情也不是那麼容易，我總括有四大障礙及阻力：

1. 邪惡勢力／力量是確實存在的。你不會知道是誰、在哪裡，也不會容易察覺得到。他們當然會攪亂檔。
2. 越名利權的人、權威者是不會容許平等、和平發生，因這意味著他們要失去權力、優越感、所享有的擁有物。
3. 視「名利權」為成功及「有條件的愛的交換模式」這所謂「正常」的社會模式已是根深蒂固N世紀以來一直沿用至今地一代傳一代成為現今主流社會，已深深植入絕大部分人的意識裡去或靈魂裡去了。大部分人都是跟從主流，羊群永遠都是跟大圍感最安全，大圍做什麼、用什麼作標準，就跟，這已變了習慣性。
4. 地球人不喜、也不善於求真。真往往因得罪而被打壓。人很恐懼真相。

我理解的悟空與三藏是個角色或模式／方式（model／mode），即任何靈魂投生在這角色／模式，他／她暫時這一生就飾演唐三藏或孫悟空這角色／身分，而這角色／模式是被設計／設定來擔當協助、引導眾生醒覺、治療、脫離苦海、邁向著無條件的愛的烏托邦世界。

第二部分
我的童年及新小孩

第五章
我的童年

以上簡單解釋過三個名稱、身分及角色後，那就是談談我是如何知道我和他是雙生火焰、我是飾演唐三藏、而他是飾演孫悟空的真人真事親身的經歷及過程如下。由我出生開始談起：

我出生在一個非常人口密集、人多車多的城市，即使我現在住及工作地方也非常城市——香港。我不是住在山林或遠離人煙的地方；相反，這裡是一個非常看重金錢、商業、生意、金融、經濟、賺錢的地方，但同樣出名就是文化、藝術沙漠，老人、教育、醫療、福利比起其他地方較弱，會有老人行乞、老人搲垃圾筒、隨街吐啖、隨街丟垃圾……（我要補補鑊：以上我只是說有部分情況發生。我還是刪掉餘下數千多字，免得罪這地方的人或被人罵我唱衰這地方。這裡有句流行語：「真東西不要拿出來講。」）……世界各地方都有許多東西covered-up（掩飾），掃在地毯底下。唯有真相、真理可治療人們有病的意識（有病的意識即包括面子、自尊心、自己所擁有的名利權、有條件的愛），但人們害怕說出這些得罪人而遭受攻擊、追殺，於是真相、真理被埋沒、消失。惡性循環下，就只會越來越糟糕，最後攬炒（意一起滅亡）。

童年時，父親只顧工作賺錢，認為賺得愈多錢、愈實際、

愈安全、家人生活愈美滿、快樂，但事實結果顯然不是。但這信念他仍堅持到非常晚年才有很少考究。母親和我的意識、道理、想法完全剛剛相反。我現在看回新小孩的資料，才明白我當小時為什麼這樣。我身為一位靛藍新小孩，我本質內自帶有著來自烏托邦世界的特徵：正直、誠實、公平、公正、平等、求真、求真理、善良、無條件的愛，能看穿別人不善的動機、漏洞、錯誤的地方，而我的母親則善於威嚇手段、偽善、自以為對／是、自以為真理、憤怒、用打罵管教……（下刪數千字）……。對當時的我來說，這些都是歪理、夾硬來、打壓、恐怖、邪惡。這不但不會有一點愛，更會是一種恐懼及不安全感下生活。父母大大聲、直呼：「供書教學，含辛茹苦養大你。」這一話像號令一出，所有大人、老師、親朋戚友（他們都只是普通世俗人）全力附和，完全一面倒「勝出」。如再說話，即表示駁嘴；如再不跟從，即表示反叛。父母、老師、大人當了小孩的權威。這樣下去，小孩只有以下四種結果：一、是自殘、自殺；二、是家庭倫理暴力、傷害、仇殺；三、是離家出走；四、是屈服、服從、忍氣吞聲。當時的我想，若離家出走，但無錢，年紀這麼少，出去怎搵食呢？學壞的機會很大，死路一條的機會很大。我性格較乖（或我根本無得選擇、又或我不懂選擇），結果我選擇了最後者：屈服、服從、忍氣吞聲。

　　講開「乖」，這世界並不鼓勵做好人，做好人只會受傷、蝕底。這世界不是你去傷害人，就是被人傷害，所以大部分人都寧願選擇別人損失、自己獲得，別人受傷、自己快樂。人類變得要去學懂古惑、計算、運用技巧、來代替真心、誠實、坦

白、正直、善良。這種意識、文明、文化、信念、思想法已是從古一代一代傳到至今，令人類世界從不和平，制造優勝劣敗這假象，於是便鬥爭、競爭，使你忘記你原本、本來、本質、根本就已經是無條件的愛、完美、卓越、偉大重要這真相。

不好意思，我寫此書的段落有許多時會跳來跳去，因我的思維不是單向或直線的，是靈感及擴散性的。^{註11.1}

言歸我的童年，你可能可以說我沒guts（膽識），又可以說我識諗（想）、懂事。我是很佩服現代有些新小孩有guts拒絕，話不做就不做，話走就走，父母都怕了孩子。我這樣說，可能有些父母聽了感不高興，好似覺得我在鼓勵新小孩要有guts離開父母。無論有無guts也好，如出了什麼事或即使沒出事，首當其衝的第一位最受靶、最重傷的受害者就是該新小孩當事人。我們時常說最好是雙方要多遷就、多溝通。若講得那麼簡單，世界早已和平，變成烏托邦了。國家元首身邊會不會有一流的談判、溝通專家呢？也都是仍然不和。入職工作前，我們要經歷N年上學、測試、考試合格、畢業、實習、interview、試用期才能得到一份工作。如做父母是一份職業，從來沒有、也不用上學、受訓、測驗、考試、實習、合格畢業、拿牌照、試用期，就可以去教養另一個人18年（假設到成人年齡）這麼重大責任。其實合不合理呢？兒不兒戲呢？而且一做就一世不能轉工，也不能辭工。你認為做這份工的失敗機會率會大一點，還是成功機會率大一點呢？會不會高估自己？或低估這件事呢？（註：在《與神對話》系列的書籍裡，神有說過孩子不應由年青的父母負責教導，因父母本身也在摸索自

己人生當中。）以我個人看法，要教育一個孩子，特別是新小孩這本身天生已內置帶有高心靈智慧或／及特別聰明，一、父母本身最起碼條件要求是：已經開悟了。這實際當然不可行，這樣沒有人生小孩了。否則二、最好找專懂新小孩的專家協助，例如臨床心理師張艾如院長。

我最近看到《香港開電視》電視台一個叫《煉狗術師II》的節目，我不是想將你的兒女比喻像狗，但有許多人視狗為自己的兒女般愛惜。該節目裡的所有主人的狗都各有不同問題，例如：見人、見狗或見拖喼（意行李箱）就亂吠、亂咬人、亂咬狗、亂咬東西、亂走、打交等等會致傷或騷擾其他人事物的事情。總之不是狗和主人不和諧，就是狗和其他人事物不和諧，這令主人好頭痛多年都弄不好。驟眼看，好似是狗仔的問題，但節目裡的馴犬師Eric Ho留意主人對狗仔做錯了什麼，教狗先教人，人做對，狗才會做對。不懂的人就以為總是狗仔的錯、頑皮、不聽話、難教、叛逆，將所有罪名、錯歸咎於狗仔，懲罰牠、責罵牠、打牠、棄養牠。真正不懂、做錯、元兇不但獲得支持、同情，還可理直氣壯、消遙法外、將所有罪名推得一乾二淨。最後主人可能無事，但狗仔卻會受傷或死。因在地球人世間，對狗仔來說，人類當作了牠的權威者，操控了牠的生死。整個training訓練裡，馴犬師Eric Ho用的時間教得最多不是狗，而是教人。他深信：沒有教不好的狗，只有教不好的主人（這句話出自於https://www.elle.com.hk/life/Eric-Ko-interview的報導）。同一道理應用在父母與子女身上，也是同一道理應用在權威者與平民身上，也是同一道理應用在帶領者與跟隨者身上，也是同一道理應用在上司與下屬身上，也

是同一道理應用在老師與學生身上，結果告訴了你答案。另一方面，Eric Ho只用短短幾分鐘或幾十分鐘，時間不長，及非暴力、非藥物、非致傷的方法就將狗仔變得平靜、與主人或其他人事物和諧。狗仔跟從一個陌生人（Eric Ho）的話，也不願聽從每天養大牠多年、一同生活的親主人的話，那陌生人反似狗仔的主人多過牠的親養主人。分別就在於他本人受過專業訓練，是懂教與不懂教，不關親與不親，不關時間長與短。用暴力、武力、致傷、威脅、責罵去制服人服從、聽命於你是很容易的事，是有效的，但這就形成誰兇、誰惡、誰夠打、便等於誰最大、誰最正確，便以「兇、惡、打、殺、武器、殺手」定義為「成功」的社會模式，而最殘暴的人便會被稱為「成功人仕」、「權威者」、「首領」或「大哥／大姐」。為什麼人很容易就用暴力、武力、致傷、威脅、責罵去制服人服從、聽命於你呢？因當別人持不同意見、行為，不跟從你的規定或與你相反時，這令你自己覺得很不快或很痛苦，所以你也想令對方覺得很痛苦或比你更痛苦，你才覺得舒服點。即使大至連某些大地方某些大人物發生貿易戰，小至某些BB爭玩具玩都是同一樣道理及心理。晤……（還是刪除以下）……

難度是在於：意見、觀點、角度等等許多不同（這是沒辦法一同一樣的，因一個大靈分成許多小靈，元素可以是一樣，但製成品是會有分別，這點要看第12章有關源頭真相），但又要能一起（我們離不開，因我們真正事實原本是一個大我、共同一體、你即是我、我即是你，這點要看第12章有關源頭真相）。我們「侷住」一定要設法去和平，其實所謂「自由」是你可選擇「愛」或「恐懼」這兩類情緒所產生的東西或這兩

極之間的比例而已。在靈性眞相裡，人的動機出自於只有兩種情緒，若不是愛，就是恐懼，其他情緒都是歸屬於這兩大分類或這兩種之間遊走。在第12章——源頭眞相，源頭、大靈、或《與神對話》所指的神，要體驗何謂無條件的愛、眞、善、美、偉大、宏大、卓越，如所有東西一樣、相同、沒有對比分別，源頭、我們就體驗不到這些。一切只有愛與恐懼，恐懼帶去痛苦、地獄、攪炒、滅亡，剩下只有愛，別無選擇，只有「㨴住」設法去愛。

長大後，回頭看，根據靈性，我們投生前已經安排選擇好哪個是父母。在大我靈性上角度看，母親對我最大「幫助」是她當時教懂我：一、不要頂撞／衝撞權威；及二、大部分人都站在權威者那邊。家庭、學校就是社會的縮影，父母、老師就是社會的領導者、權威者的縮影。她其實就是代表了世界、世俗上許多部分不同領導、權威者、名利權的人的縮影。若長大後，在社會頂撞／衝撞那些人，許多部分例子的下場結局都是很糟糕，因最後都是被暴力／武力制服，關牢或被殺死。她只不過預先由我細個時預早讓我開始經歷、體驗、適應、習慣這現實／眞實社會的不公平、不公義、夾硬來（意表明強迫打壓你，但又如何？你又可以怎樣呢？你吹咩！（意你奈得我何呢！））、偏見、歧視……（下刪數千字）……的環境。在這現實／眞實大人社會環境的過去歷史裡直至到現今，將來都是，我們都看到部分不跟從／不遵從權威者或試圖改革的人，即使是和平、非暴力的方式，都被視爲「破壞」及被「合理」地關進監牢裡去，或不得好死。人爲什麼特別不能得罪權威者，但能惡待小工人呢？人爲什麼寧得罪君子，莫得罪小人

呢？因權威者、小人可以很輕易向你報復，而且報復的殺傷力很大，可致重傷，無論即是權威者、小人是對是錯。這輕易是人共同意識給予支持權威者、小人。壞人、惡人只要你一不給面子，就殺你全家，但眞正非常善良的人是不會對抗、攻擊、對付你或向你報復，即使是你的錯或你傷害、攻擊了善良的人。人欺善怕惡，這是人的品格及質素有問題。善良的人反而不獲得共同的支持，是因社會不是以無條件互補、品格、眞相作爲成功、崇拜、模仿、學習、對、眞理的標準；而現在的社會是以名銜、利益、權力作爲成功、崇拜、模仿、學習、對、眞理的標準；所以權威者反被支持。人們在支持另一班人（即權威者）傷害自己，而人不想自己被受傷害，便爲了自己能成爲權威者而玩這名爭暗鬥、爭權奪位、寧踏住別人、傷害別人的遊戲。所以，一是：眞好人一早死清了；二就是：惡性循環下，每人都變了／選擇做壞人，只是壞的程度不同。一杯清水只滴了一滴0.01 ml污水，溝淺了的水看下去仍是清晰，你應爲它還是一杯清水嗎？若你說是，你還會敢眞的喝嗎？

用利益、金錢作爲成功的標準／準則／象徵，有利益、金錢越多的人自然可凌駕其他人之上。人類便可分化爲有高低，不公平、不平等自然出現，不滿、痛苦、慘劇、迫害、反抗、打鬥、戰爭、自然陸續產生。

言歸，她在訓練我的EQ、忍耐力、接受力、遵從世俗的遊戲規則、在適應地球世界社會人類的文明、文化、習性、信念。有人可能說我用這角度看法是阿Q精神，有人可以說是「轉化治療」，療癒身心靈的一種技巧。我認爲預防勝於治

療，地球世界一日不是烏托邦，問題、傷害不停。不停治療，永無止境，治標不治本。所以要地球世界成爲烏托邦是首最重要及根本，次重要才是不斷的治療。正所謂治療師在這邊救火，壞人卻在那邊放火，那樣玩不完的，玩到何時呢？

　　講開轉化治療，部分人說世上有好，就有不好的事，爲什麼硬要將不好的事說成是正面好事呢？一幫派是凡事都有兩面，有好壞兩面向；另一幫派是凡事都只看好，不好的事的發生是教導你或讓你改正及學習變好的機會。究竟哪幫派的觀點、看法是眞呢？其實「好壞」是從地球世界的觀點與角度，是人定義及採用。在眞理、眞相世界的觀點與角度裡，是無好壞，一切都是美好，美好在於一切所謂「好壞」都是令你去體驗、經歷你自己是什麼。

　　而「轉化治療／轉化正面」是爲了幫助治療人回到「**最本來、本質、原本眞正的你**」（書中有章節解釋那原本眞正的你即是什麼）的技巧、方法或路徑。轉化正面的技巧各有不同，例如：有生命導師用角色扮演技巧；有人視作痛苦、低潮是學習或磨練人生的好機會；有人要被安慰；有人用通上高靈尋求意見；有人用水晶、能量治療；有人用催眠、心理治療，等等。每人接受及適合的方法不同，有些行，有些不行，因不會有一位治療師是全知、全懂（意全宇宙裡所有任何大小的東西都知、都懂）。註：「技巧」這東西（例如：推理技巧）不一定是眞的或是事實的原意，但若該「技巧」能治療好，也總算是一件好事。眞包括推理，但不限於。推理不等同／等於眞。推理、統計是基於人、社會、地球、大多數群眾、人事物的習

性偏向、貼地。感覺、感受、靈感是基於靈性、靈魂、內心、個人自己、離地。當在我們主流社會工作時，或日常生活裡，若憑感覺去解釋人事物，部分人會覺得解釋不夠實在、不夠合理、不夠理由，會取笑你或要你將之具體化地說出理由。現階段，我認為兩者都是重要。這是雞先還是蛋先問題，兩者互相影響，也不需互相取笑。你取笑一方，即表示你缺乏那另一方面。神在《與神對話》說過，感覺、感受是神與人溝通的語言。人類又再一次相反。其實在許多先進烏托邦世界裡，許多地球人所謂「貼地」的東西已不再使用了。

第二部分
我的童年及新小孩

第六章
學習卑微、忍耐

　　言歸我的成長，而投生前已按排這樣的遭遇，除了使我更早適應這不和平、不公平、不自由、沒有無條件的愛、歪理、打壓、夾硬來、自私、以名利權為成功的地球世界之外（家庭、學校就是社會的縮影，父母、老師就是社會的領導者、權威者的縮影），也使我身同感受地明白下一代的新小孩都會有同樣的感受。新小孩感覺自己與大部分人不同，但又不知有什麼或為什麼不同的這感覺，幾乎是基本共同特質，而有困難的新小孩容易走向兩極端：一、是過分自卑、自憐、無自信、無自我價值；二、是過分自負、自大、自我中心、自以為是。兩者都不好，應拉回中庸／中間位置。

　　曾有位生命導師說：「當老師要比地氈（地毯）還要低。」我同意，但做不做到，做到多少，做到多久，就是另三回事，但好過不知。耶穌、佛陀、老子、德蘭修女等等無一不卑微、低下。有人說耶穌被人打了左邊面，很傻地給人再打右邊面。像耶穌那麼傻、像佛陀那麼樸素、像老子那麼怪及單獨、像德蘭修女那麼窮、像三藏那麼沒本事的人都在行神的事跡、行偉大的事跡，為什麼你比起他們這麼有名利權、聰明、本事卻不能呢？

題外話，我上過許多靈性、生命課程、seminars，等等。台上導師講無條件愛，台下就要收學費錢才肯講有料的內容，有幾無條件愛呢？但我明白，因大家少則都要交租、衣食住行，大則要養妻活兒、供車供樓等等。因大家的業主、水電處、超級市場、子女的學校等等都不是無條件，所以要大家共同無條件才可行。我曾經見過一位生命導師，他擁有一個非常好大的優點，就是財務自由＋非常有錢。但他有一個好大缺點，就是要做揸弗人（意掌舵人）、及做導師。他是真正有條件可以做到無條件付出的人。他是有心投資了許多錢到課室地方、搞宣傳、找許多導師、網上、網下都放了許多心機，但結果、成效不好、浪費了資金、學生反應負面、與老師合作也越來越少、最後課程開班接近0（若不是已經0）。因他本人的才華不適合做生命導師，也不適合做發展靈性教育事務。他適合做慈善家，他只需要付出金錢，找其他更適合、更善長的人做發展及管理靈性工作。慈善家與投資者分別是：前者是無條件（不要求回報，出於真誠善心，只望別人得著），後者是有條件（要求回報，出於賺錢動機，只計算盈利）。所以大家共同無條件互補，社會才會有進步，所有人才會有得益。當然真慈善家在歷史至今極少，這就是他靈性修為功課上的一個大考試，尤其特別對於一個做開生意那麼成功的人來講，要他做完全相反的事，難度是極高的。這功課、大考試可能連他自己也不知道。我並不算認識他，但當你越明白源頭、真理、愛，加上觀察、感受，有些東西是可以一理通百理明。

我曾經去過一間國際性非常出名的靈性教育機構的香港分校，聽一個關於新小孩的講座。講者/導師問在座家長有誰希

望有一個高意識的小孩，個個家長都舉手，好似好想要、好開心、好榮耀、好自豪那樣。我心底裡當然知道實情不是那樣。講者/導師自己本身及家長都根本不知道，也不清楚高意識的小孩及其家長兩方都同樣辛苦，或是一件痛苦的事，但當然我不會出聲。

我上過許多不同靈性、玄學、身心靈等等課程，部分大都將貨就價或高昂收費。其實你 (指導師) 好應該將你最重要的、最勁的、最核心、最有料的、最好的，能一針見血扼要地在最短時間裡盡量傳授給最多的學生。因你可能只有一次機會接觸到你的學生，學生不一定會再有時間去與你會面。你要給出最勁的、最「正」的予最多的人，你才能有機會實踐成為偉大的自己、偉人。

你將課程切開許多堂，每堂又加些湊夠時間的活動，要收高學費才教最勁的東西。這樣是拖延及增加你成為偉大的自己、偉人的難度，降低你的機會率。你要做大事，你要好多、好大量人得益先可以。都沒有多少人真心說因你而得益，只有你自己說自己是偉大、偉人，那是自大。

順帶一題，其實大部分導師離不開這五個問題：一、個人品格，二、教法，三、對事情有好壞之分，四、偏見，五、知識。如要五項都ok，都好難會有導師合格。

言歸正傳——地氈（地毯）論，因為偉大，所以卑微。靈性大我越偉大，世俗小我越卑微。其實每個人本質都是平等同樣

偉大、重要、充滿無條件的愛，即使你什麼都沒做過、什麼都不懂，單只是存在已是。我們應是來享受人生、享受地球、享受創造物。但現在不是，現在是因為自卑，所以自大；因為無愛，所以爭取；因為恐懼，所以受壓；因為受傷，所以攻擊。越自卑、就越自大。「卑微」這一課，我從小就開始學習，習慣了。大部分人的天賦、才華、能力、勇氣、信心、果斷、領導、毅力、剛強、優點、理想、積極、進取、堅持、堅定都用來建築在自己的名利權的成就上，於是先驕傲、自大、認叻、自以為是，後才學懂謙虛、平凡、平淡、低調。我卻相反，先自以為錯、學懂遷就、相讓、妥協、平凡、平淡、低調、忍受，後覺醒，我的天賦、才華、能力、堅持（或開始有固執）及自信心（或開始相信自己的意見及見解）都用來建築在大眾的癌細胞意識治療的項目、東西、事件上。即使我的能力不夠、不及大家那麼叻（意棒）、那麼本事，但方向總是對及真理的。前人那麼叻，為什麼都不快樂及痛苦呢？原因是方向錯了，違反真理，無論你有多快，贏在起跑線，都會輸得更快。

眞理、眞相往往與世俗相反，我的人生也與部分人相反。當時大部人小時侯、少年時侯都比較窮，但快樂；長大成年後，賺到許多錢，但卻逐漸不快樂。我卻剛剛相反，小時侯、少年時侯家境比較環境好，但不快樂；長大成年後，沒多少錢，但卻逐漸快樂。在現實這樣的世界、社會，我好肯定絕大部人的眞實內心底下都是受了傷、在受痛苦，比他們在外、向別人表現得很正面是相差很大、很遠。即實質比表面、表現呈現出來有很大落差，表現、表面好是沒多大用，實質才是最實際。因一個世界、社會不好，大部分人都會受到牽連不好。

第七章
新小孩與別不同的原因

　　有些新小孩童年至少年時捱不過，結果：一、就離開這世界、死去；二、就被關進監獄裡，因做了些違反社會遊戲規則的事；三、就被送到精神病院裡去了。這些結果的最後受傷者都是新小孩當事人。世人只看結果及譴責、懲罰當事人，但很少人追究究竟背後真正原兇是什麼？什麼原因令到他們這樣做呢？受傷者被懲罰了，原兇卻「逍遙快活」。什麼道理呢？舉一反三，無限伸延：為什麼有人要做恐怖分子、做賊、殺人放火、偷呃拐騙、奸淫擄掠、做乞兒呢？若你夠「求真」到源頭的話，我敢說：「世上只要有一個人有錯、有一個賊、有一個乞丐等等什麼都好，全世界所有人都有責任。」當然一般世俗大部人都不會明白這一點為什麼，不明白就不同意。

　　言歸以上新小孩的三個結果，因他們的精神上承受不到這種壓力、屈辱、侮辱、不公平、不平等、苟（狗）且偷生的生活。旁人、老師、父母、大人可能不認為、不認同、也不明白為何小孩有食有住、有書讀，還有這麼多及大問題呢？原因是新小孩的靈魂來自烏托邦的世界，他們的意識及本質內置無條件的愛（Unconditional Love，簡稱UL）、和平、公平、公正、平等、靈性、烏托邦的情意結，而地球大部分的人、事、物表現有條件的愛（Conditional Love，簡稱CL）或無愛（No Love，簡稱NL）的混合，地球的第三世界直呈表現

出不被愛及需要愛的後遺症。因此部分新小孩與地球世俗人的意識、觀點、角度、期望產生極大相反、不同、矛盾及衝突。世人看似以為CL是很正常（例如：一買一賣，不付費不給予幫助），只是未看得穿／醒覺它所帶來現在的林林總總各種不同大小的所有全部根本源頭的問題及禍害。我比喻新小孩好似一杯純潔淨蒸餾水（水意指意識、心、靈、身體）一樣，只要一小滴污水掉入，都會很容易察覺，所以別人會覺得新小孩很敏感、很大反應。其實因普通一般人及普通一般小孩的水已不是那麼清、有雜質，滴一、二小滴污水是不會多覺或看不出有什麼大分別。所以新小孩有時察覺食物有化學物質或有問題，不會吃；穿的衣服物料不好，易引起皮膚敏感。他們很易察覺、洞悉世俗社會人事物周圍一切的問題、錯誤、漏洞、不善、詭計、心懷不詭。要改變／改善這世界就是需要這種能力。相反，新小孩會覺得／看到地球人很麻木、很機械人式生活、很能忍受痛苦、很習慣苦中作樂、很吃得苦中苦、很野蠻、很夾硬來、很……（下刪數千字，免得罪幾十億人）……

第八章
正義無法伸展

　　在被母親打壓及屈服下，我不自覺地學懂收起了我本來、本身、本質的無條件的愛、天賦、優點。我的烏托邦世界裡的無條件的愛、天賦、優點卻成為在世俗的缺點、一無是處、無用武之地。「無條件的愛」變成蝕底、受傷；天賦：洞悉漏洞、洞悉歪理變成不禮貌、駁嘴；誠實、正直變成不懂說話、不懂事。當全世界的人都是這樣認為，我懷疑沒可能我一人是對，而全世界的人都是錯。我不是一個固執的人（或堅持的人），所以我在由小成長到大都盡量跟隨及配合世俗那一套價值觀及文化。但最後到今天，我覺醒、覺知到原來當時真的是我一人是對，而世界大部分的人都是……（我不敢說，我得罪不起全世界的人，一人吐我一淡口水都淹死我）。有許多東西很普通，也很普遍，也看似好似好「正常」，但我不能說，也不敢講，因人數太多（講緊數以十億計）及當中也有許多有名望及高大權勢的人（講緊可以令你「合理地」人間蒸發），所以是十分之很危險。

　　我舉一個很普遍及簡單的例子：知不知道乳豬是豬的BB或小孩子呢？好吃可能是一個理由，但這理由可能是雙重準則（標準、規則）：若某（我不用「你」字，我用「某」字，讓你感到舒服點）的小孩子被燒脆皮也會很好吃，人與豬皮膚是很近似，但會做嗎？雙重準則就是不合理，不是永恆的真理。

真理的其一特質是：你能倒轉相反這樣對自己嗎？若你能將好吃的快樂建築在其他生命的痛苦上，相反亦可以嗎？身為靈性比動物高的人類，不但不照顧、幫助靈性弱小的，反傷害、屠宰殺掉牠們。某間動物醫療中心事業開張切燒豬慶祝，視為公關災難，是真心為拯救，還是真心為自己事業呢？某信佛的慈善籌款領袖名人這邊做善事，那邊做賣乳豬廣告代言人，有幾佛性呢？有人不食肉也只是因為了自己身體健康，也並不代表意識是健康，因那不是因為真正明白同理心及愛。

　　據聞有關著名道西基地事件，比人類更強壯但不善的蜥蜴外星人捉小孩關在基地來吃。我們又和他們有什麼分別呢？豬看我們人類的行為，就像跟我們人類看蜥蜴外星人的行為一樣。靈性越高的理應越會理會、照顧別的感受，這是人道、或生命道。現反而大蝦細（「蝦」意欺負／欺凌）。據聞有關自遠古至今的邪惡勢力／力量已有用人類來做拜祭、祭治慶典儀式中的犧牲品，後人主流早已被影響了用動物拜祭、祭治慶典儀式中的犧牲品，原理、道理跟足N世紀，一出世已習慣及被教導這樣是很正常的習俗、文化。

　　舉一反三，無限伸延。這麼簡單的一個例子，也可能已經得罪了全球數以十億計的人，因不好聽、影響主流大部分的食家、食肆的生計及飲食電視節目等等，當中不但涉及數以N倍億計的利益、金錢，也掃了全球數以十億計的人家的雅興及喜好。以上只是數千萬個具體例子的其中一個。我實在不能講太多具體例子，因任何一個輕則都會得罪數以億計的人，重則得罪權勢者連命都無，所以我已刪掉了具體例子及數十多萬不好

聽的字句。

以下是節錄《與神對話全集1上冊p.66~p.67》：

神：……如果世界是存在於完美的狀態中，那你自我創造的人生過程將會終止，會結束。如果再也沒有訴訟，律師的事業明天就會結束。如果再也沒有疾病，醫師的事業明天就會結束。如果再也沒有問題，哲學家的事業明天就會結束。

尼：而如果再也沒有任何困難，神的事業明天也會結束！

神：一點不錯。你的措辭非常完美。如果再沒有更多可創造的，我們所有的人都不會再創造了。

我們所有的人對繼續這遊戲都是既得利益者。我們雖然一再說要解決所有的問題，卻不敢解決所有的問題，否則就再也沒有什麼事留下來讓我們做了。

你們的軍事工業複合體非常瞭解這點。那就是為什麼他們強力反對企圖在任何地方成立一個非戰政府的原因。

你們的醫藥機構也瞭解這一點。那就是為什麼他們堅決反對——為了他們自己的生存他們不得不如此——任何新的神奇藥物或治療法，更不必說奇蹟本身的可能性的原因。

你們的宗教團體也很明白這一點。那就是為什麼它一致地攻擊對神的任何界定，若是那界定不包含恐懼、審判和報復，以及對自我的任何界定，若它不包含他們自己的朝向神的唯一道路的想法。

如果我對你們說，你們就是神，那將置宗教于何地？如果

我跟你們說，你們真的痊癒了，那將置科學和醫學于何地？如果我對你們說，你們將和平的過活，那將置調停者于何地？如果我對你們說，世界已經治理好了，那又將置世界于何地？

另節錄《與神對話全集1上冊p.115~p.116》：

神：胡說！你現在就有力量和能力，在這一瞬間終止世界的饑荒和治癒疾病。如果我告訴你，你們自己的醫學界拖延不發表治療之方，拒不贊同另類醫藥及療法，為的是它們會威脅到「治療」專業的根本結構，你會怎麼想？如果我告訴你，世界上的各個政府並不想要終止世界饑荒，你會相信我嗎？

尼：我會覺得難以置信。我知道那是民粹主義者（populist，美國人民黨所提倡的主義，以主張保護農民為其政策。）的看法，但我無法相信它竟然是真的。沒有醫生會去否定任何一種治療法。

沒有哪一國的人會想看到他自己的同胞死去。

神：沒錯，沒有一個個別的醫生會如此。沒錯，沒有特定的哪一國人會如此。但醫療和政治已經變得體制化了（institutionalized），而……由於對那些機構而言是攸關其生死的問題，所以那些機構反對這些事，有時是非常不著痕跡地，有時甚至是無意地，但卻是不可避免地。

所以，我只舉一個非常簡單而明顯的例子，西方的醫生否定東方醫生醫術的療效，因為，若接受它們，若承認某種另類用藥程式，可能正可以提供一些治療的話，就會動搖已建制好

的體制之基礎本身吧！

這並非惡意的，但卻是暗自進行的。那些專業的人並非由於明知其為惡事而去做，卻是由於恐懼而做。

所有的攻擊都是一種呼救。

以上引句如是一般人說必然得罪人、被視為瘋子、或被關進監牢裡去，但這是神說。以上只是冰山一角，實則涉及的範圍太廣，涉及主流及非常大及多的權威者，再加上背後邪惡勢力／力量的陰謀作怪、搞鬼。所以，即使我今生是飾演唐三藏這角色（看下去，往後會解釋）的人，當上這角色已附帶了一些符合的條件，我也坦言世人其實是很難救的。真理答案其實是很簡單，不是要勞師動眾開多少次改革會議，而只是你每個人的一念之剎那瞬間的開悟或覺醒，但這一念卻可能即使你多生多世輪迴重複做多N億年或N億次人也未必保證一定能做到。

世人以「莫須有」來處死耶穌，耶穌+佛陀+老子+德蘭修女+等等許多靈性、真相、智慧專家、救世者二千多年來，也未能將地球變成烏托邦，所以不要看輕世人的能力，足可以為了面子、自尊心、名利權來摧毀整個地球世界、攬炒（意一起滅亡）。一人占了人便宜，自然另一人受傷；一班人靠勢力，自然另一班人受欺；一個地方靠名利權，自然有另一個第三世界出現。那些受傷、受欺、第三世界的人不想受壓，就會反擊、報仇，惡性循環。地球世界若不是全人（包括動植物）一同受惠、不是烏托邦，就是終有一天全人一同滅亡。地球過去的文明也曾多次因此而滅亡、消失。要摧毀整個地球世界、攬炒

（意一起滅亡）是很容易，只需幾分鐘或更短。但要改變整個地球世界成爲烏托邦星球比起上來就困難N億倍了或N億世紀都未必得。烏托邦星球與現實地球人類的意識、價值觀及文化剛剛相反。

　　要弄壞、破壞世界上一樣東西是件好容易、很快的事。要改善、建樹這世界上某一樣東西，背後是需要犧牲許多人事物才有機會做到。所以珍惜善良好的一面東西，弄壞了是很難返回轉頭的。

第九章
看穿世俗的幻象及把戲

　　言歸我的童年，而我也漸漸忘記了我的本質、本性、我自己，我是跟隨主流學校及主流社會，融入世俗，跟著世俗大部分人的罐頭意識走及所謂「正常」走：讀好書、拿高學位、入大公司、努力工作、升職加薪等等諸如此類的所謂「標準」罐頭人生，及本土文化：學懂要計算、消費最低等等諸如此類。你認爲「正常」是因你一出世，世界已經是這樣。如幻想你出生在烏托邦星球，你還會認爲、覺得地球人類世界是正常嗎？

　　一般普通世人認爲當全世界的人都是「這樣」就認爲「這樣」就是或等於：對、正確、正常。一般普通世人是不會反思：由我們出生一刻，整個世界社會已是全錯或全不是眞相、眞理。

　　我越入世，我越適應地球社會生活，但越忘掉、遠離眞理、眞相。相反，若我越堅持眞理、眞相、烏托邦精神，我生活越辛苦。小時候，不懂分社會、世俗、大人原來講是一套，做是另一套，眞理、眞相又是第三套。講要最好聽、暗語、客套話；做要有利益、著數、計算；眞理、眞相就則與之前兩套、世俗完全剛剛相反。學校不會教，懂的人也很少。所以，混亂、準則、眞相都在成長間摸索。我建議下一代的新青少年最好盡快明白或學懂，看穿一切世俗的幻象及把戲，因這樣，

你才能醒及蛻變。有興趣不妨跟我或／及這些其他作者學：

烏托邦教育　UtopiaEd.com

新小孩　NewChildren.net

西經　WesternScriptures.com

第十章

新小孩被誤解（一）

　　現在有許多新小孩被誤解爲自閉症或／及ADHD（這已有許多相關新小孩的中英文書籍、東西方專家，例如：台灣臨床心理師張艾如院長，都共同同意這說法／情況），及電視曾經訪問過一些宅男宅女、隱蔽青年的專輯，他們在訪問中其實說得不但好，而且其實非常有智慧，只不過世俗人不明白或未能醒覺／看穿眞相、眞理，我會日後嘗試找回那些專輯的視頻再供大家網上觀看及加上我的解讀。（我的新小孩網站是：NewChildren.net，請subscribe留下電郵地址，日後再通知大家。）他們之所以寧願獨處是因世俗的意識與他們內置的意識很不同，甚至乎相反，所以遠離、隔開、總好過被強迫、屈服或衝突。部分的新小孩本質內置無條件的愛、和平、公平、公正、平等、靈性、烏托邦的意識，而地球大部分地方表現有條件的愛或無愛的混合，地球的第三世界直呈表現出不被愛及需要愛。世人看似以爲有條件的愛是很正常（例如：一買一賣，不付費不給予幫助），只是未能看得穿／醒覺它所帶來現在的林林總總各種不同大小的所有全部根本源頭的問題及禍害。有「無條件的愛」的星球不可能有地方是饑荒、貧窮、疾病、戰爭。現地球世界不是你去傷害人，就是被人傷害。烏托邦世界不是你去無條件地愛人，就是被人無條件地愛你。

世俗的一切律法／法律、規則、改革、政策都有漏洞，大家都只是在玩「你有張良計，我有過牆梯」的遊戲，因大家的動機都不是出自於真心的無條件的愛（不是出自於完全真心盡力為人事物好，而是為薪金、佣金、受壓或受恐懼而去交功課，或還在兼顧平衡各方私人利益而做）。^(註10.1)。

註10.1：我節錄《與神對話全集2下冊p.216》：

尼：好啊，那我就問一個已經問過了的問題。我們所有的法律豈不是都有想要把道德概念法制化的意圖嗎？我們的「立法」行為不正是對什麼是「對」什麼是「錯」的協議嗎？

神：對。在你們的原始社會中，某些民法——就是規約與規定——是有所需要的。（你知道，在那些並非原始的社會中，這類的法規是不需要的。所有的生命都自己規範他們自己。）在你們的社會中，你們仍舊面臨著一些最初級的問題。在街角先停再走嗎？買與賣是否要依某些規定？彼此之間的行為是否要有一些限制？

可是，如果每個地方的每個人都遵從愛的法則，即使連那些基本法——禁止殺人、傷害、欺騙，或甚至連闖紅燈——都不應需要，也不會需要。

愛的法則即是神的法則。

所需要的是意識的成長，而非政府的成長。

我節錄《與神對話全集2下冊p.216》：

第二部分
我的童年及新小孩

尼：這就是你對這個世界的建議嗎？完全的無政府主義？

神：我什麼也沒建議，我只提供什麼事情能行得通。我告訴你們觀察得到的情況。不。我觀察得到的情況不認為無政府——就是沒有任何規範、任何法律制度——可以行得通。這樣的安排只有在進化了的生物中才行得通，而就我的觀察，人類並不是。

在你們進化到自然的去做自然正確的事以前，某種層次的政府是必要的。

在此之前，你們設置政府治理自己乃是明智之舉。你前面所說的一段話是無可厚非的。人類在可以自行其是時，往往不會去做「對」的事。

真正的問題不是政府為什麼要對人民施加那麼多規矩，而是為什麼必須如此？

答案在於你們的分別意識。

尼：就是我們把自己看得各自有分。

神：對。

尼：但設若我們不是分別的，那我們就是一個。而這是否意謂我們互相有責任？

神：對。

現在新小孩自願投生到地球就是希望協助治療地球。當然

大部分醫生、教師及社工不會認知、認同「新小孩」一詞。我接觸過一些自閉症機構社工，他們認爲高功能自閉症的少年的IQ都是正常或高於常人，唯一共同問題是：不懂傾閒計（世俗人意解：社交聊天，但我意解：不懂說無意義的說話、無意思的說話、是非、發洩的說話、芝麻綠豆瑣屑事、癈話等等）。所以社工會安排許多活動聚會一起玩耍。他們認爲大多數人都懂傾閒計，所以「正常」。新小孩的天賦就是說有意義、有意思的眞話／實話、不喜也不善說是非、不善說發洩／發脾氣的說話、不善處理芝麻綠豆瑣屑事、不善說癈話，因爲這些閒計都不能治療、救治地球，甚至乎反而會傷害地球。而且懂傾閒計的普通世俗人已太多，再多也不能改善、治療、救治地球。我並不反對安排活動聚會一起玩耍，但不夠到位（意不到point核心重點），不能應付現實生活裡世俗人的陰暗面。現實社會的人性、人心與社交是一件很弔詭及複雜的事，不是那些遊戲活動聚會那麼簡單。他們應付不到世俗人的陰暗面，就不會想社交。部分新小孩不太入世或較喜單獨的原因，我之前已解說過，簡單再講：地球世俗是有條件的愛或無愛、古惑、名利權、好面子、自私、……（下刪三千字）……，與他們的敏銳的意識、無條件的愛、善良相反、矛盾不同。所以做自己是舒服過、快樂過與別人一起，但他們無可避免地必定會有機會要與人及社會接觸。他們那麼正直、認眞、單純，很易被世俗人所傷或跟世俗人學壞。比喻就像一位天使投生到地獄，結果自己都變成魔鬼。又或者比喻像自己加入黑社會做臥底，結果自己都變節了。比喻因當全世界的人都說太陽是正方形的時侯，甚至乎有些情況下更用鎗指著你的頭跟他／她說一次：「太陽是正方形」的時侯，你又有什麼感受呢？你又可以怎樣呢？

所以要他們懂社交，實質是要他們學懂應付世俗人的陰暗面的技倆或功夫。這不是一般社工有能力做到的事。

　　人世間的漏洞、錯誤有時不能直接當面拆穿、矯正，別人／對方爲了自己的面子、自尊，一定死撐、反抗、否認到底（卽使對方內心明知是自己的錯），所以自己內心知道就好了，不要出聲。用個合適得體的藉口離場，我明白「新小孩」是正直、誠實，所以有時堅持不肯說好聽的假大話。忠告：Be flexible，外圓內方，否則你會受苦、受傷害，那你就會越沉。

　　想了解、知道更多有關新小孩或靛藍小孩，可參閱台灣臨床心理師張艾如院長的共四輯「新小孩」主題的電台訪談及我親自解說的專題：NewChildren.net。

第十一章
新小孩被誤解（二）

註11.1：靈感及擴散性這是某些新小孩的特性。之所以爲什麼有些新小孩會被誤診爲有所謂「專注力失調／注意力不足」，眞正原因是我們某些新小孩的表意識或自我意識較薄弱，而受潛意識、及受靈感或受靈性意識影響較強。我們有時在發呆／發天然呆、停格是因要放鬆、放空頭腦、不用腦、停止接收外界、受外界影響，我們用靈感、直覺、感應。我並沒有被診斷爲專注力失調／注意力不足，因我一直不知道這樣叫專注力失調／注意力不足，而且也不眞的很防礙我日常生活。相反，他（我的雙生火焰或稱朋友）的自我意識很強，自己很清楚自己是怎樣、要怎樣、頭腦清晰、方向明確、記性很好。受潛意識、受靈感或受靈性意識較強也是一份禮物，這天賦不是人人有，但世人視爲缺點。世人視大部分眞理、眞相是缺點、怪異，因不懂、與自己不同或相反，就會這樣。它其實是由我的靈魂、靈感、潛意識、高我、高靈或大我帶領或影響著，所以我的小我（意指世俗的我這個實體身軀人）不善於世俗的禮儀、瑣碎事、吃喝玩樂、貼地的事，但對烏托邦、外星、源頭、眞理、人生很有興趣。我們雙生火焰一個較離地，一個較貼地。我應爲兩邊都是重要的。

　　另一件事要講，也在一些自閉症的少年的負責社工口中得知，但他們當然不眞正明白、也不相信、又或扮不知「新小孩」一事，那就是某些新小孩會喜歡重複不斷聽他／她喜歡的歌。首先，這並不會傷害或影響別人，二來也不是什麼錯或不對的事。這是因爲將來待他／她時機成熟時，訊息、靈感會透

第二部分
我的童年及新小孩

過他／她熟悉連系的東西呈現或表達出來。就好像當我在很後的章節有講，我醒覺我和他是雙生火焰、及悟空與三藏角色身分、及恢復我就是無條件的愛之後，上天的訊息、靈感、潛意識都會很自然透過歌曲、歌詞、音樂傳遞、吸引過來、顯現出來給我知。那些音樂我放上了以下網址：

關於我們的音樂、歌曲有：twinflames.cc
關於我三藏的心聲的音樂、歌曲有：
monkeykingandtangmonk.com/tangmonk
關於他悟空的心聲的音樂、歌曲有：
monkeykingandtangmonk.com/monkeyking

想了解、知道更多有關新小孩或靛藍小孩，可參閱台灣臨床心理師張艾如院長的共四輯「新小孩」主題的電台訪談及我親自解說的專題：NewChildren.net。

第三部分

源頭眞相、眞理、愛、邪惡、陰謀論

第十二章
源頭眞相

　　從源頭、盤古未開講起：一、在盤古未開時、宇宙大爆炸發生前，得一個意識（可稱爲源頭、大靈、神），沒有你、我、他／她／牠／它／祂，只有一個意識是無法知道自己是什麼。幻想只有你一人在什麼都沒有的世界裡，你是無法知道自己是什麼。又或者，二、這意識知道自己是偉大、完美、卓越、愛、全能，但偉大、完美、卓越、愛、全能是什麼？是怎樣呢？這些卻是很闊、很大、很抽象的概念。就像你知道蘋果是紅色、上闊下窄、底部有六點、味道是甜甜地、食下去是嗦嗦聲，但如果你從未眞的接觸過蘋果，從未看見過紅色，從未食過那種甜，從未聽過嗦嗦聲，那你是否眞的知道蘋果是什麼嗎？是怎樣呢？於是不只是意識上知道，而是爲了更具體感受、感覺地知道自己是什麼、怎樣及更多，於是乎**要得到這具體的感受、感覺就要付出代價，這代價就是要去體驗、體會，而風險就是有機會痛苦、變成邪惡的可能性**。於是這一個意識分散許多細小的意識、生命及一切（就像一個大海洋分散許多細小水點，又或像一個大靈分散成許多細小靈魂），去產生萬事萬物，互相互動去體驗。細小的意識、生命及一切本來、本質、原本都已是完美、卓越、無條件的愛、美麗、善、眞心眞意、偉大、多樣化而各有不同的天賦、以無補有、以多補少的互助互愛的精神，是讓大家享受生命、過程、玩樂及創造物。所以我們的「眞身」其實是合一、一體的，我們眞正身分是來

自同一源頭／大靈／大我／神（各稱呼名子不同，但都是意指同一東西），我們是同一個「身體」、一體、一個。你即是我，我即是他／她／牠／它／祂，他／她／牠／它／祂又即是你。我們每一個都是神或各自都是神的一部分都可以。我這領悟與《與神對話》一書是很接近的，請參閱註12.1）。

註：我本人沒有任何宗教信仰，此書也與宗教無關。在此我用「神」字意指：在盤古未開時、宇宙大爆炸發生前的源頭意識。

　　所以你的意識就是神的意識，你的意願就是神的意願。神不可能責怪你，因責怪你就即是責怪祂自己，你的錯就是祂的錯（但從源頭的觀點與角度，沒有真正的「錯」，因那裡（指地球人世間）是假的，不是真的，你只是暫忘記了自己真正是誰、是什麼，去到人世間飾演了某一個身分、角色去體驗你的人生）。神無條件愛你，因你就是祂自己。神透過許多個自己（即我們、大家）去體驗、體會回祂自己更多可能性、更多面向、更多是什麼。

　　源頭（或稱神）為什麼會無條件愛你呢？因你們眾加起來就是神的身體。神對你們就像你對你自己的身體一樣，你愛不愛你的身體？你會不會跟你的身體談生意、談交易條件？你會責罵你的身體嗎？即使你的手做錯事，你會撕斷它嗎？即使你的盲腸那麼無用，你仍會供養營養給它還是切掉它呢？你會控制你的胃怎消化嗎？假如你的肺有癌細胞，弄到肺壞了，你會不理會它、還是切掉你的肺、還是治療好它呢？

例子一、我舉一個很貼地、很合邏輯推理的例子作比喻。

幻想你現在是神或大我，你的身體內就是一個小宇宙，宇宙就是在你的身體裡面，地球是身體某處／某器官，你投生到該處／該器官的一粒細胞（卽也稱呼爲小我）。原本最初是沒有分什麼器官、什麼內臟、什麼細胞，因原本最初你只是一粒卵子，受了精後才發育一切。也就是像原本最初是沒有分什麼宇宙、星球、地域、你我他／她／牠／它、人類、生物、萬物一切，因原本最初只是一個意識，宇宙大爆炸（big bang）後才慢慢發展出一切。你現在投生變了一粒細胞，就是要去與其他許多不同細胞互動去體驗回自己是怎樣、是什麼。「你」與「別人」的關係就比喻像細胞與細胞的關係。但當你這粒細胞死去，若你的靈魂回到源頭大我，你就會知道你和大家就是這整個同一身體。每一樣人事物、東西都是你的眞身（卽是大我）的其中一面／一部分。**眞相是：你的眞身（卽是大我）就是他＋她＋牠＋它＋祂，萬有一切。**你愛不愛你自己的身體的任何一部分呢？你會傷害你自己的身體的任何一部分嗎？卽使你的腳指尾頭損了、爛了、如何無用、做了什麼不對的錯事，你忍心切掉它嗎？還是盡可能想辦法治療救回那腳指尾頭呢？

你會不會自己的右手打自己的左手呢？卽使你的左手做錯了多少事，你都不會想斬掉它，你仍想保留及治療好它。你想健康還是想自殺呢？假如你的左腳打了數個月石膏，單靠右腳獨力走了數個月路，之後左腳好了，你會不會計算／計較要左腳獨力走回路數個月才算公平、平數呢？不會吧！你還是兩腳一起走路。左手不夠力拿東西，右手自然幫手拿，你會不會

向左手及右手傾談好交換條件才肯拿東西呢？無條件不是不公平，而是你的雙腳會不會跟你的的雙手說：「我今天走了整天，你整天沒東西拿，明天就由你倒立走一天才是公平。」又或你的雙手會不會互相商討說：「右手一三五拿東西，左手二四六拿東西，星期日大家都不拿。」你會不會跟你自己的手腳談條件、簽合同、計較、計算呢？

即使盲腸是沒有用，你也會無條件照供給營養給它。盲腸就像你們世界的乞丐一樣，世人認為他們是無用、多餘、負擔。一、因你像從細胞或器官的觀點與角度看別的器官，你以為你和盲腸是分開兩個獨立不同，你以為盲腸什麼都不做、不懂，為何要占用資源，浪費在他們身上？你覺得不公平，你認為、支持斷供營養給他們、或供少點或較差的養分。他們腐敗了也無關係。但如你一天意識甦醒、覺醒由「從細胞或器官的觀點與角度看」到由「從人的觀點與角度看」，你看到整個身體所有內外器官、不論大小、有沒有用都好，**都是自己**。你還會和你的身體所有內外器官談條件、談公平、簽合同、談有沒有用、談價值、指揮他們、控制他們嗎？二、乞丐不是沒用、或代表他們就是犯過了許多種種負面的說法集中於一身、一類別。而是每人都有不同大小、多少的能力、性格、善長、傾向（像我以下例子二：3D生果蛋糕）。而地球人世間所定義成功、有沒有用、價值是基於一個最大基本遊戲規則——名、利、權。越多、高、大在這三方面就代表、定義該人事物越成功、越有用、越有價值。不是每人的才華、使命、能力、喜好、善於、興趣都是與名利權有關。而不配合或離這遊戲規則太遠的人便容易變成被人標籤為「乞丐」。乞丐不是那些媽媽

常常說給兒女：「不讀好書、不勤力，大過就做乞丐啦！」這類的謬誤在地球數之不盡。

　　問題不是在於乞丐，問題是在於：世俗主流以「名、利、權」作爲對、正確、應該、正常的規則或準則，一切不遵從這規則或準則，則被視爲不正常、有問題、異類、有病、被歧視、被責備、不被喜歡、不被愛。如果我住在烏托邦星球，我有好高度智慧，那我歧視、排斥你們地球人，說你們蠢，蠢人才會投生住在這世俗，又污染、又辛勞、又好爭鬥等等。我是否可以這樣對你呢？你的感受會怎樣呢？

　　其實我並不是針對人、乞丐、家長、有名利權的人、壞人、邪惡的人，我是針對那「名利權」這系統、遊戲規則、社會模式。它本質就已是有問題、錯漏百出、副作用極強、後遺症嚴重。它目的不是以人道出發，它目的已是不純正，是刻意想分化人類不團結、有階級之分、不和諧、明爭暗鬥等等太多一連串負面。A和B兩人互不相識，之間無仇，但卻因一上場在某工作職位身分，就要與對方有仇。這系統／遊戲規則／社會模式／體制令人變成壞人、變成邪惡，任何人在此系統／遊戲規則／社會模式／體制都會變成壞人、邪惡，只不過比較上來，壞少點、邪少點，就被當作稱爲所謂好人、正派。所有人、好人、壞人、黑白兩道、邪靈全都因這「名利權」系統、遊戲規則、社會模式而受傷害，無人有眞正得著。

　　地球世界大環境（大遊戲規則）不好，這有利於不好、不眞的人生存、生活、成功及被推崇，也被演化現爲之「正

常」，這遊戲規則也鼓勵人變成不好、不真，及這遊戲規則反而不利於好、真的人。這情況會產生世界許多不同、不好的現象及問題：人禍、疫情、污染、戰爭、動盪等等，最終攪炒、文明消失、人類滅亡。像過往地球文明曾重複消失、滅亡過N次，既然能一次再一次滅亡，相信再多一次也難你們不到，你們也看似沒有不可接受一切從頭來過的能耐。

基於這星球的數N世紀的文明及全人類的意識都有意及無可奈何都要跟著這「名、利、權」的遊戲規則及體制，這遊戲規則、體制及意識做成極久、極大及極多人類痛苦、仇恨、悲劇、邪惡。這幾乎全宇宙稍懂真相、稍有智慧、稍有人道的文明星球都不會採用這「名、利、權」的遊戲規則及體制。地球人的面子、傲慢、不良的意識是很根深蒂固，它就像毒癮。

我曾看過一段 youtube 影片，片裡有句話說：「在宇宙中，地球是一個很特別的地方、星球，因地球是極少數還能體驗到痛苦、悲傷、煩惱、困難、問題的地方。」我聽了不知是好，還是壞？是應該珍惜、維持，還是捨棄、改變呢？一、地球在宇宙中與其它星球比較中，地球是很差的一個星球，只不過只有地球人說、讚自己地球好；二、這麼罕有的場地、星球，我們是否應保持、維持痛苦、悲傷、煩惱、困難、問題，否則再沒有這場景讓靈魂日後去體驗呢？

正正也是印度男孩阿南德（Abhigya Anand）學的印度吠陀經書所講：我們正存在於的時代是Kali Yuga時代——物質時代，也是黑暗紀元。Kali Yuga時代／世界是：**原本正確的東西**

當成錯誤的。原本錯誤的東西卻被認爲是正確的。參閱：《印度男孩指現實地球人世間是黑暗紀元》https://utopiaed.com/india-boy-said-earth-world-is-dark-age/。印度男孩阿南德（Abhigya Anand）是近2019網上紅人，因他運用印度吠陀占星早已準確預測到新冠肺炎病毒COVID-19全球疫情來臨而爆紅。

他學的印度吠陀經書所講：「我們現在就處於Kali Yuga卡里時代是物質時代，又稱鐵時代。人類追求物質生活多於精神生活，所以人們大多呈現無知狀態，意志力低迷。多數人選擇消極的接受他們的命運。世界運行到這個時期，許多古老的文字歷史和智慧，大多都被摧毀。權力與迷信統治了精神生活，神的存在只有少數人才能感知，人類只能透過宗教來了解和感知神。這個時期的宗教，呈現死板、僵硬、腐化與極權。有些人有機會學到古老的智慧與教導，但是他們必須隱藏起來，才不會遭到迫害。」

Neale（《與神對話》系列的作者）說：如用一句說話，神會對人說：You've Got Me All Wrong。（你們誤解了我所有。）因神是一切包括所有，意其實難聽點講法：你們全錯了。

我的看法是：你們全人類的意識病了。

例子二、我舉一個大3D生果蛋糕的例子作比喻。

我們加起來就像一個大3D生果蛋糕。蛋糕裡的生果代表許多不同能力、性格、善長、愛好、傾向。一個生果蛋糕不規則、不同角度地切開許多細份後，每份所包含的生果種類、多少、大小、形狀都不同。其中一細份蛋糕就是你，所以我們每人的外表、能力、性格、善長、愛好、傾向都各有不同。總有些人某些能力多，自然有些人某些能力少；一些人有，一些人就無；一些人多，自然一些人少；那是正常，沒問題。**他／她沒有這能力，是因這能力去了你處。他／她缺乏，是因豐盈給了你。**因此，每細份蛋糕外型及內裡雖都不同，但重點是在還未切開這個生果蛋糕之前，這裡只有一個生果蛋糕，也卽意是在還未分開你、我、許多他／她／牠／它之前，這裡只有一個。沒有這件蛋糕、那件蛋糕，只有一個蛋糕。沒有這個人、那個人，只有一個人。這件蛋糕和那件蛋糕其實原本都就是一個蛋糕。這個人和那個人其實原本都就是一個人。這件蛋糕卽其實就是那件蛋糕，其實原本是得同一個蛋糕。這個人卽其實就是那個人（我卽是你、你卽是他／她／牠／它、他／她／牠／它又卽是我），其實原本是得同一個人。

　　你對你的身體是無條件，就像神對你是無條件，因你、我、大家組成就是神的身體。原本只有神（或叫源頭／意識／大我）一個，祂自我分散／分裂／分成許多個細小的自己，所以你是神。**神的目的、動機、初心、原意是藉著透過許多個細小的自己去互相創造、互動才能有體驗、有經驗到自己何爲是什麼、何爲是怎樣。**一個神是無法體驗、經驗自己是什麼、是怎樣的。

真相是你和她／他／祂／牠／它都是同一個大我／一靈／一體／一個。有條件的公平是一種計較、計算；無條件的公平是一種互補所需、互補不足、以有補無、以多補少。

以上的例子，你對你身體的無條件就是顯示了「愛」，就是你愛你的身體。只要血液能流通到的都是屬於你的身體，所以血液就像「愛」，流通全個身體，流通全個宇宙。如你身體無血，你死了。如世界、社會無愛，人類滅亡了、世界末日了。我這領悟與《與神對話》一書是很接近的，請參閱註12.2）。

你本來、本質、原本是完美、卓越、無條件的愛、偉大重要。你是神。（註：「你是神」不只是我一人說，在《與神對話全集》書裡隨處經常有提及、說到這訊息。你也可到網站WesternScriptures.com裡介紹的一套有《與神對話》作者——尼爾參與的電影叫3 Magic Words，影片裡有許多位著名的靈性專家有解釋及一致認同你就是神。）

從神（或源頭）的觀點與角度看或從一個有健康意識的觀點與角度看：世上任何東西，單只是存在，已是愛。世上無一不是愛。你根本無須要刻意做任何事去爭取別人給你更多的愛，別人無論怎樣不喜歡你、奚落你、歧視你、排斥你，也不能奪走你身上的愛，除非是只有你能親自丟掉你自己身上的愛。神從不阻止你，也不懲罰你。神只懂愛你。祂愛你是無須任何條件。因你就是祂，祂愛你完全等同祂愛祂自己一樣。從來只有人不愛神、不愛人、不愛自己，從來只有人拒絕愛神、

拒絕愛人、拒絕愛自己。

我夠膽講句：「人之所以變成邪惡、變成乞丐，都是因感沒愛或感不被愛。」

你是神，意是：你是無條件的愛（unconditional love）、完美（perfect）、卓越（excellent）、宏偉重大／偉大重要（great）、神性（divine）。這是你的真身，這是真正的你。

一個健康、良好、正常的意識會是：
1. 你就是無條件的愛、完美、卓越、宏偉重大／偉大重要。
2. 你是神性、神。
3. 你要做回神（也卽你要做回自己），你要體驗／經驗神（自己）會怎做及做什麼。

而最後最終極總括最大目的是（last but not least）：體驗究竟何爲真愛（=卽自己）或真愛（=卽自己）是什麼？而這或許需要N世去體驗才明懂，而每次、每世體驗都是一個代價、都是一個風險。「真愛」是：你知你自己就是愛。

世上多達九成以上的人（卽約70多億人，以2020年止）的意識不知道以上幾點，那卽表示世上70多億人的意識不健康、不良好、不正常嗎？我的答案：「是。」否則，世界已是烏托邦了。你們距離真明懂、真愛、正常、健康意識還相差很遠。

我所領悟到：源頭／大靈／神從來沒想、希望人類受苦，從來沒製造許多人生痛苦給人去磨練、學習。是地球人類自己製造給自己辛苦、痛苦，地球人類的主流共同意識認同、接受、採用「名利權」為地球最大遊戲規則、標準、成功指標，以為看似好似這就是叫「正常」、「合理」。「名利權」最大問題是因大家都不是出自於真心動機為人事物好，而是真正目的動機是為自己爭取更多名利權。因此大家表面是做交功課、交行貨，實質必然有人受傷。受傷的人報復、反抗，你就會說他們就是壞人。所以現實地球的真正根源問題是地球人類的意識有病、意識有癌細胞。**要改變世界，就是要治療地球人類的意識，改變地球最大的遊戲規則、標準、成功指標，用新的「互補、品格、真相」取代舊有過時的「名、利、權」。「互補」是無條件互補不足、以多補少、以無補有。「品格」是良心、良知、品德、公德心、正直、誠實、真心、真意、禮讓、禮貌、愛心。「真相」是源頭、深層原因、神聖、靈性。這些都是揚昇烏托邦星球的條件。**(註12.3)

據聞很久遠以前有關有一些不善的存在／物種（beings）、邪惡勢力／力量（或稱不善、邪惡的外星人）介入，所謂「教導／教化」人類要有規則、階級、尊卑、多勞多得的有條件的交易、有系統地管制社會，推介及「教導／教化」給人類，看似好合理、好公平、好有秩序、好有系統、好似更好，實質就是破壞及使大家忘記你們原本已是完美、卓越、無條件的愛、美麗、善、真心真意、多樣化而各有不同的天賦、以無補有、以多補少的互助互愛的精神，讓大家無法及無時間去享受生命、過程、玩樂及創造物，繼而互鬥、自相殘

殺、辛勤工作、有精神及身體壓力疾病、名利權抬頭、真善美被打壓倒、世界不和平、全球天災人禍污染滅亡發生。所以好壞、正邪兩面向一直都是存在的。你一出世，你已開始遠離、違反本來、本質、原本的你，因地球世界已是不健康、不正常，上一代文明、文化、教育也是這樣傳落下一代。

註12.1：有關源頭／大靈／神，可參考我節錄《與神對話全集1上冊 p.37~p.45》：

神：好吧，讓我們從這兒開始談。靈魂——你的靈魂——一向知道它所有該知道的事。對它而言，沒有什麼是隱蔽的東西，沒有它未知的東西。然而，只是知道了還不夠，靈魂還要尋求經驗。

你可能知道自己是很慷慨的，但除非你做了一些表現了慷慨的事，否則你仍然什麼都不是，只是一個觀念。你可能知道自己是仁慈的，但除非你曾對某個人做了一件善事，否則你也一樣什麼都不是，只有關於你自己的一個想法。

你的靈魂唯一的願望就是，將它自己最崇高的觀念變成它最偉大的經驗。在觀念變成經驗之前，所有你有的都只是臆測。我對我自己已臆測了很久。比你們和我加起來能記得的還要久。比這宇宙的年紀乘方還要久。那麼，你明白了嗎，我對我自己的經驗是多麼年輕，又多麼新啊！

尼：我又搞不懂了。什麼你對你自己的經驗？

神：讓我換個方式解釋給你聽：

在一開始，只有本是（Is）存在，沒有任何其他的東西。然而，一切萬有（All That Is）無法認識他自己——因為一切萬有是所有的一切，而沒有任何其他的東西。因此，一切萬有……是不在的。

因為在沒有其他東西的時候，一切萬有也就不在。

這就是自古以來，神祕主義者一直提到的了不起的「在」或「不在」（Is\Not is）。

且說，一切萬有知道他是那時所有的一切——但這並不夠，因為他只能在觀念上明白其絕對的莊嚴華麗，而非在經驗上。然而他渴望的是經驗他自己，因為他想明白，做為這樣莊嚴華麗的存在是什麼樣的感受。但是，這是不可能的，因為「莊嚴華麗」這字眼本身是個相對的說法。唯有他不是的什麼東西顯現出來，一切萬有才可能明白做為「莊嚴華麗」的存在到底是怎樣的感覺。

當他不是的什麼缺席時，他是的什麼是不在的。

你瞭解這點了嗎？

尼：我想是吧！請繼續講。

神：好的。

「一切萬有」唯一明白的是，那兒並沒有別的東西。因為他永遠無法、永遠不會由外在，以他自己的一個參考點去認識他自己。因為這樣的一個點並不存在。存在的唯一一個參考點就是內在的唯一一點——那「在——不在」（Is\Not Is）、是——不是（Am\Not Am）。

但是「一切萬有」仍選擇要從經驗上認識他自己。

第三部分
源頭真相、真理、愛、邪惡、陰謀論

這個能量——這個純粹、不可見、不可聞、不可觀察，因而不為任何別人所知的能量——想要去體驗他自己本是的絕對莊嚴華麗。為了要這樣做，他了悟自己必須用一個在內的參考點。

　　他十分正確地推理，他的任何部分都必得比全體要少。只要簡單地將他自己分割成許多部分，每個部分都比全體要少，就可以往回看他自己的其餘部分，也就看到了莊嚴華麗。

　　因此，「一切萬有」分割他自己——在一個光榮的瞬間，他變成了這個及那個。這個和那個頭一回彼此分開的存在。但兩者仍然是同時存在，兩者皆非的所有其他一切也一樣同時存在。

　　因此，有三個成分突然存在了：在這兒的東西。在那兒的東西。以及既不在這兒也不在那兒的東西——為了要這兒和那兒存在而必須存在的東西。

　　是「無」（the nothing）支持著「有」（everything）。是「非空間」支援著「空間」。是「全體」支援著「部分」。

　　你能瞭解這點嗎？

　　你懂嗎？

　　尼：事實上，我想我懂。信不信由你，就是由於你用了這樣一個清晰的例子，以致我真的瞭解這些了。

　　神：我還要進一步講解。且說，這個支持著每件東西的「無」，是有些人稱為的「神」。然而，這是不正確的，因為它也暗示了有些不是「神」的東西——也就是說一切非「無」的東西。但我是一切東西（All Things）——可見與不可見的——

所以描寫我為偉大的不可見——「無」（No-Thing）或「空」（the Space Between），在本質上就是東方神祕主意對「神」的一個定義，並不比本質上西方對「神」的實際定義為「所有可見的」更為正確。那些相信「神是一切有及一切無」的人，才是那些有正確瞭解的人。

在創造「這兒」及「那兒」的東西時，可能使得神認識了他自己。而在這由內而外的偉大的爆炸性瞬間，神創造了相對性（relativity）——是神給他自己的最大禮物。因此，關係（relationship）就是神給你們的最大禮物，這主題後面會再詳加討論。

就這樣，從「無物」中躍出了「每件東西」——是一個和你們的科學家所謂的大爆炸理論（The Big Bang Theory）全然符合的靈性事件。

當所有東西的成分向前飛奔時，時間被創造出來了，因為一樣東西先是在這兒，然後又在那兒——而它從這兒到那兒所需的時間，是可以測量的。

正如神自己可見的各部分開始界定它們自己，彼此「相對」，因此，那些不可見的各部分也一樣。神知道要愛存在——並認識它自己為純粹的愛，其正正相反的東西也必須存在。所以神自願地創造了那偉大的對立——愛的絕對反面——每樣不是愛的東西，現在被稱為恐懼的東西。當恐懼存在的時候，愛才可存在為一件可能被經驗的東西。

人類在他們形形色色的神話裡提到的惡之誕生、亞當的墮落、撒旦的反叛等等，就是這個在愛及其反面之間所創造出的二元對立。

正如你們選擇了將純粹的愛擬人化為你們稱之為神的那個

第三部分
源頭真相、真理、愛、邪惡、陰謀論

角色，你們也選擇擬人化卑鄙的恐懼為你們所謂的撒旦。

有些活在地球上的人圍繞著這個事件，建立起相當複雜的神話，附帶有戰役和大戰、天使神兵和魔鬼戰士、善與惡、光明與黑暗力量的劇情腳本。

這神話是人類最早嘗試去瞭解，並且以別人能瞭解的話告訴別人，一個人類靈魂深深覺察，而心智卻只能略略理解的宇宙性事件。

在將宇宙演變成他自己的一個分身時，神從純粹能量製造出所有現在存在的一切──可見與不可見，兩者皆有。

換言之，不只是物質宇宙如此被創造出來，形而上的宇宙也是一樣。形成「在或不在」等式之第二半的那部分神，也爆炸成無盡數量比整體小的單位。這些能量單位你們稱為「靈魂」（spirit）。

在你們的一些宗教神話裡說：「天父」（God the Father）有許多心靈兒女。這與人類「生命繁衍它自己」的經驗的平行說法，可能是一般大眾實際上能接受在「天國」裡突然存在了無數個靈魂這概念的唯一方法。

在這個例子裡，你們的神祕故事與終極實相還相差不太遠──因為以一種宇宙性的說法而言，組成我之整體的無窮盡的靈魂，是我的子女。

我分割我的神聖目的，就是要創造足夠的我的部分，以使我能在經驗上認識我自己。為使創造者在經驗上認識他自己為創造者，只有一個方法，那就是去創造。因而我給與我的不可計數的每一部分（給我所有的心靈兒女）跟我做為「全體」所有的一樣的創造能力。

當你們的宗教說你們是「按照神的肖像」被造出來時，

他們就是這個意思。這並不是指——如某些人解釋的——我們的身體看起來肖似（雖然，為了一個特殊目的，神能採取任何他想要的具體樣子），但它的確是指我們的本質和精髓是相同的。我們是由同樣的材質組成的。我們是「同樣的料」！具有所有同樣的特質和能力——包括「無中生有」地創造物質世界的能力。

我創造你們——我的心靈兒女——的目的，是為了要體認我自己為神。除了經由你們，我沒有其他辦法做到這一點。所以可以說（並且也已說過許多次）我要你們做到的是：你們該體認到自己為我。

這看似如此令人驚異的簡單，然而卻變得非常複雜——因為你們只有一個方法得以體認你們自己為我——那就是，首先，你們要先體認自己不是我。

現在試著瞭解這一點——努力跟進——因為談到這兒已變得非常微妙了。你準備好了嗎？

尼：我想是吧。

神：很好。請記住，是你要求聽這個解釋的。你等了好些年了呢！你曾要求我以一般世俗人的說法來講，而不要用神學教義或科學理論。

尼：是的——我知道我要求的是什麼。

神：既然你要求過，你就會得到。

現在，為了保持簡單起見，我將用你們「神的兒女」的神

話模式來做為討論的基礎，因為它是你們熟悉的模式──並且在許多方面它還沒偏離太遠。

那麼，就讓我們回到這自知（self-knowing）的過程如何發生作用這件事上。

我有一個辦法可以令我所有的心靈兒女知道他們自己為我的一部分──那就是乾脆地告訴他們。而這我做了。但你明白嗎，單單讓靈魂（spirit）知道他自己為神或神的一部分，或神的兒女，或天國的繼承者（或你想用的不論什麼神話）是不夠的。

如我已經解釋過的，知道一件事與經驗它是兩樣不同的事。靈魂也渴望在經驗上知道它自己（就如我一樣）！對你們而言，觀念上的覺知是不夠的。所以我設計了一個計畫，它是在所有宇宙裡最殊勝的點子──並且是最壯觀的合作。我說合作是因為你們每個人都要和我一起參與其中。

在這計畫裡，你們這些純粹的「靈」，將進入剛被創造的物質宇宙。這是因為物質性是唯一的方法，可令你在經驗上知道你在觀念上體會的東西。事實上，那本來就是我創造物質宇宙──以及宰製它及所有受造物的相對性系統──的理由。

一旦在物質宇宙裡，你們，我的心靈兒女們，就能經驗你們所知的自己──但首先，你們必須先覺悟到其反面。簡單地解釋這點就是，除非等到你覺知到了「矮小」，否則你無法知道自己長得高大；除非你已覺知到瘦，否則你就無法經驗到你自己稱為胖的那部分。

就最終的邏輯而言，就是除非你面對了你不是的東西，否則你無法經驗自己以為你是的東西。這乃是相對論及所有具體生命的目的。你得藉由你不是的東西來界定你自己是什麼。

所以，在這個終極之知的例子裡——知道你自己為創造者的例子裡——除非並且要等到你創造了，你才能經驗自己為創造者。而除非你不創造你自己，否則你就無法創造自己。換一種說法就是，為了要存在，你首先必須「不在」（not be）。你懂嗎？

尼：我想……

神：趕快跟上來。

當然，你是沒有辦法不作你正是的誰，或你本是的什麼——你就是這個（純粹、創造性的靈），一向如此，永遠都是如此。所以，你做了件不是最好但已不錯的事，就是你令自己忘記你真的是誰。

在進入物質宇宙時，你放棄了對自己的記憶。這讓你可以選擇去做你要做的人，而不是所謂的「就在城堡裡醒過來」。

在選擇做神的一部分——而不是只被告以你就是神的一部分——的這個行動裡，你經驗到自己有一個完全的選擇，而那就定義而言，就是神的本質。然而，你怎麼能對一個無可選擇的事情有所選擇呢？不論你多努力去嘗試，你都無法不是我的兒女——但你可以忘記。

你是，一向是，也永遠是神聖整體的一部分，是整個身體的一員（member）。那就是為什麼重新加入整體，回到神的這個行為被稱為憶起（remembrance）。你真的是選擇重新憶起（re-member，譯注：此字拆開則是重組在一起之意，變成了雙關語），憶起你真的是誰，或與你種種不同的部分合起來一同去體驗你的全部——那也就是我的全部。

第三部分
源頭真相、真理、愛、邪惡、陰謀論

所以，你在世上的工作並非學習（因為你已然知道），而是重新憶起你是誰。並且重新憶起每個別人是誰。那就是為什麼你工作的一大部分是去提醒（remind）別人（去重新注意〔re-mind〕他們），讓他們也能重新憶起。

所有絕佳的靈性導師所做的只是這個。這是你唯一的目的（sole purpose）。也就是說，你靈魂的目的（soul purpose）。（譯注：神在玩諧音和雙關語的遊戲。）

註12.2：有關源頭／大靈／神與身體的比喻，可參考我節錄《與神對話全集1下冊p.263~p.268》：

神：你的身、心和靈是一體的，在這點上，你是一個具體而微的我──神聖的一切，神聖的每樣東西，總和與內涵（the Divine All, the Holy Everything, the Sum and Substance）。現在你明白我如何是每樣東西的開始和結束、起點和終點（the Alpha and the Omega）了。

現在我要解釋給你聽那終極的神祕：你們和我的精確而真實的關系。

你們是我的身體。

正如你的身體相對於你的心智和靈魂的關系，你們相對於我的心智和靈魂的關系也是一樣的。所以：

我所經驗的每樣事，是我透過你們來經驗的。正如你的身心和靈是一體的，我的也是一樣。因此，當拿撒勒的耶穌──了解這神祕的許多人之一──說「我與父為一」時，他是說出了一個不可改變的真理。

現在我要告訴你，有一天你們會認識一些甚至更大的真

理。因為正如你們是我的身體，我也是另一個靈的身體。

尼：你的意思是，你並不是神？

神：是的，我是神，如你們現在了解的神。我是如你們現在理解的女神。我是你們現在知道和經驗的每件事的孕育者和創造者，而你們是我的孩子⋯⋯正如我是另一個靈的孩子一樣。

尼：你是否在試圖告訴我，甚至神也還有一位神。

神：我在告訴你，你對終極實相的感知，比你想象的還要更狹隘，而真理比你們所能想象的還要更無限。

我在給你對無限──和無限的愛──的一個極小的一瞥（在你的實相裡你無法保有一個大得多的一瞥。你連這小小的一瞥也難能保有哩）。

尼：等一等！你的意思是說，現在我真的並不是在與神談話？

神：我告訴過你──如果你理解神為你的創造者和主人──正如你是你自己身體的創造者和主人，那麼，我是你所理解的神。是的，你是在跟我談話，這是個很美味可口的對話，不是嗎？

尼：不管美味與否，我以為我是在與真正的神談話。萬神

之神。你明白的——最高的上司，主要的領導人。

神：你是的。相信我。你是。

尼：然而，你說，在這事物之階層組織的設計裡，在你之上還有某人。

神：我們現在正試圖做那不可能的事，即說出那不可說的。如我說過的，那是宗教所尋求去做的。讓我看看我能否找出一個法子來下個綜論。

「永遠」比你所知的要長。永恒又比永遠要長。神比你想像的要大。想象又比神還要大。神是你稱之為「想像」的能量。神即第一個思維。神即最後一個經驗。而神也是在其間的每樣事物。你有沒有向下透過一個高密度的顯微鏡看，或看過分子活動的照片或影片，並且說：「老天啊，在那兒有一整個宇宙呢。而對那個宇宙而言，我，現在在場的觀察者，必然感覺起來像是神一樣！」你有沒有說過那種話？或有那類經驗？

尼：有的，我猜每個有思想的人都該會有過。

神：沒錯，你已給過你自己對於我在此顯示給你看的東西的一瞥。

而如果我告訴你，你讓自己瞥見一眼的這個實相永不完結，你又會怎麼做呢？

尼：請你解釋這句話。我會請你解釋這句話。

神：好，請你取你能想像的宇宙最渺小的部分。想像這細小、很細小的物質顆粒。

尼：好的。

神：現在將它切成兩半。

尼：好的。

神：你現在有什麼？

尼：兩個更小的一半。

神：一點不錯。現在再將它們切成一半。現在又如何？

尼：兩個更小的一半。

神：對了。現在，再切，又再切！剩下什麼？

尼：越來越小的顆粒。

神：是的，但它何時停止呢？你能分割物質多少次，直到它不再存在為止呢？

尼：我不知道。我猜它永遠不會停止存在。

神：你的意思是你永遠不能完全毀掉它！你所能做的只是改變其形式？

尼：看起來似乎如此。

神：我告訴你：你剛才學到了所有生命的祕密，並且看入了無限。現在我有個問題要問你。

尼：好吧……

神：你怎麼會以為無限只向一個方向進行？

尼：所以……向上走也沒有結果，就像向下走一樣。

神：並沒有上或下，但我了解你的意思。

尼：但，如果「小」沒有結束，那就是說，「大」也沒有結束囉？

神：正確。

尼：但如果「大」沒有結束，那麼就沒有「最大」。也就是說，以最大的方式而言，並沒有神。

神：或是，也許——所有一切都是神，而並沒有其他。

註12.3：有關現實地球世界，神都是這樣說。可參考我節錄《與神對話全集2上冊p.74~p.76》：

神：如果你找不到一個群體其意識跟你的相配，則去做一個群體的起源。其他有相似意識的人會被你吸引。

為了你們的星球有長遠而重大的改變，個人和小群體必須去影響大群體——到最後，是去影響最大的群體，即全人類。

你們的世界以及其處境，是所有在那裡的生活者之全部意識的反映。

正如你在周遭所看到的，有許多工作仍須待做——除非你們滿足於現在的世界。

令人吃驚的是，大部分人滿足。這乃是為什麼世界不改變。

這個世界所推崇的是分別，而不是相同；意見的不一致是由衝突與戰爭來解決——而大部分人卻滿足於此。

這個世界是適者生存，「強權即真理」，競爭在所必須，而勝利是至高的善——大部分人卻滿足於這樣一個世界。

如果這樣一種體制也製造了「失落者」——失敗者，那就讓它製造吧——只要你自己不在其中就好。

即使這樣一個模式，使被人認為「錯」的人常遭屠殺，「失敗者」饑餓而無家可歸，不「強」的人遭壓迫和剝削，大部分人還是滿足於此。

大部分人認為跟他們自己不同的，就是「錯」的。宗教上的不同，特別不被容忍；社會、經濟或文化方面的許多不同，也是如此。

上層階級對下屬階級剝削，卻自鳴得意的美其名曰改善了

犧牲者的生活，說他們比被剝削之前過得更好。上層階級以如此的方式忽視了真正的公正——就是所有的人應當如何被對待——而不僅是使可怕的處境變好一點點，卻從中得取骯髒的利益。

聽到任何有別於目前體制的體制，大部分人都會嘲笑，說競爭、屠殺，與「勝利者分贓」這類行為，乃是使他們的文明之所以偉大之處，大部分人甚至認為沒有別的自然之路可行，認為這樣做是人類的天性，認為以別的方式作為，會殺掉驅使人成功的內在精神。（沒有人問「成功什麼？」）

真正啟蒙過的人，固然難於瞭解你們這套哲學，可是你們星球上大部分的人卻深信不疑，而這乃是為什麼大部分人不顧及受苦的大眾，對少數民族的壓迫，下屬階級的憤怒，或自身及親人以外任何別人的生存必需條件。

大部分人並沒有看出，他們是在毀滅地球——那賦予他們生命的星球——因為他們的行為只求自己富裕。令人吃驚的是，他們目光短淺到不能看出短期的所得會造成長期的損失，而這本是經常發生的——也會再度發生。

大部分人會害怕群體意識這個概念。這個概念類似於集體利益（群體的善）、單一世界觀或跟萬物一體的神，而不是與之有分別的神。

凡是能導致合一的事物，你們就害怕，而凡是那有分別之作用的，你們就加以推崇，這造成了分歧與不和諧——然則你們似乎連從經驗中學習的能力都不具備，繼續你們的行徑，造成同樣的結果。

不能把別人的痛苦像自己的痛苦那般體驗，乃是使痛苦繼續下去的原因。

分別使人冷漠，使人產生虛假的優越感。合一產生悲憫與同情，產生真誠的平等。

在你們星球上所發生的事情——一成不變已經三千年——我已說過，是你們群體——就是你們星球上整個的人群——的集體意識之反映。

這一種層次的意識，最好的形容詞就是「原始」。

其實塵世間、世俗的一切問題、答案及真相都早已被全宇宙最大的大佬（源頭意識）講了出來。只不過你們睬X佢（意理會祂）都傻而已。

第十三章

意識是一切

　　關於源頭、大靈、靈魂、意識、神，這些的意義、目的、動機、真相，我都想節錄多一點，因這些實在太重要了，萬物從根源而衍生，一切問題的答案就在於最源頭，而且正是我一直追尋，也是用來治療世人的癌細胞意識的方法——top-down（由上而下）的方法。求真的旅程是很孤單，因世人不明白，也沒有興趣要知懂，還反視它為怪怪的、離地的、虛無飄渺，再加上邪惡勢力／力量的干擾、阻攔、扭曲。玩弄你的人逗得你很高興，叫醒你的人卻黑你憎。世人最有興趣是吃喝玩樂、名利權。我說的，未必有人聽、有人信，但以下節錄的這些都是由神說。但我總不能節錄全部，有許多重要訊息是會遺漏，所以請自行去閱讀《與神對話》系列的書籍吧！

　　我節錄《與神對話全集2上冊p.78》：

　　神：務須記得：意識是一切，它會創造你們的經驗。群體意識力量強大，會製造出無可言說的美麗與醜惡。而選擇則總由你們。

　　如果你們不滿意於你們的群體意識，就要想辦法改變它。

　　改變別人意識的最佳途徑，就是你以身作則。

　　如果你自己不夠，則組成一個自己的群體——讓自己成為你們想要別人去經歷的那種意識之泉源。當你們身體力行，他

們就會——願意——去經歷。

是從你開始。一切事情，樣樣事情。

你想叫世界改變？那就先把你自己世界裡的事改變。

我節錄《與神對話全集2上冊p.79》：

尼：所以，希特勒是被派遣給我們的，向我們提供一個教訓，讓我們知道人可以做出多麼可怕的事，人可以墮落到多麼深的地步的？

神：希特勒不是被派遣給你們的。希特勒是由你們所創造的。他起於你們的集體意識。沒有這種集體意識，他不可能存在。這就是你們的教訓。

分別種族隔離和優越意識——「我們」有別於「他們」的意識——乃是希特勒經驗的創造者。

神聖兄弟情誼和一體——而非「我的或你的」意識則是基督經驗的創造者。

當痛苦是「我們的」，而不只是「你們的」；當歡樂是「我們的」，而不僅是我的；當整體生活經驗是我們的，則就終於是真正的了——真正整體的生活經驗。

我節錄《與神對話全集2上冊p.77》：

神：必須要懂得這其中的教訓。一個持續在強調分別和優越感的群體意識，會使悲憫之情大量消失，而悲憫之情的消失，則無可避免的會隨之以良心的喪失。

以狹隘的民族主義為基礎的集體概念，會忽視他人的苦難，卻會要所有的別人為你們的苦難負責，因而為報復、「整風」和戰爭製造藉口。

　　我節錄《與神對話全集2上冊p.169~p.172》：

　　尼：好吧，我們不能為所有的負責。

　　神：我告訴你們：除非你們願意為所有的負責，否則你們就不能對它有任何改變。你們不能老是說是他們做的，是他們在做，巴不得他們立刻住手！記得華特‧凱利（Walt Kelly）的諧角波哥（Pogo）的話嗎？永遠不要忘記：
　　「我們遇到敵人了，而他們是我們。」

　　尼：我們幾百年來一直重複同樣的錯誤，我們豈不⋯⋯

　　神：是幾千年來，我的孩子。你們幾千年來都在重複同樣的錯誤！人類在最基本的本能方面比洞穴人並沒有進化多少。然而每次要改變都會遭到恥笑。每一次要檢視你們的價值觀或要改造它們，都會喚起恐懼與憤怒。現在可好，從我而來的觀念是要你們實際上在學校教授高等的概念。好啦，孩子，現在我們真的是如履薄冰了。
　　不過，在高度進化的社會，這正是他們做的。

　　尼：但問題是，並非所有的人都同意這些概念和它們的意涵。這乃是為什麼我們無法在學校教授這些。如果你把這些東

西加到學校的課程中，家長們就會發瘋。他們說你在教授「價值」，而學校沒有空間教授這些。

　　神：他們錯了！再說一遍：以人類所說他們想要做的事情而言——就是建立一個比較好的世界——他們錯了。學校正是教授這些東西的地方。正由於學校可以免受父母成見的影響。你們已經看到，父母親因把他們的價值觀傳給孩子，已經把你們的星球搞成什麼樣子。你們的星球是一團糟。

　　你們不了解文明社會最基本的一些概念。

　　你們不知道如何不以暴力來解決衝突。

　　你們不知道如何過沒有恐懼的生活。

　　你們不知道如何不以自利而行事。

　　你們不知道如何不設條件而愛。

　　這些都是基本的——基本的領會，而你們在千年之後，萬年之後，卻連充分的領會都不曾開始，更不要說把這領會付諸實行。

　　尼：有沒有辦法脫離這一團糟？

　　神：有！就在你們學校！就在你們對年輕人的教育！你們的希望在下一代，更下一代！但你們必須不再把他們泡在過去的方式中。那些方式沒用。它們沒有把你們帶到你們想要去的地方。然而，如果你們不當心，你們真的會走到你們沖往的地方！

　　所以，趕快止步！向後轉！坐下來，大家好好想一想。為你們身為人類最偉大的理想，創造出最恢宏的版本。然後，找

出最符合此理想的價值觀和概念，在你們的學校傳授。

比如，何不傳授這樣的課程：

- 領會力
- 和平解決衝突的方式
- 互愛的構成因素
- 人格與自我創造
- 身、心、靈如何運作
- 如何從事創作
- 歡慶自己，尊重他人
- 性愛的歡悅表達
- 公正
- 容忍
- 多樣性與相似性
- 合乎道德的經濟學
- 富於創造性的意識和心靈能力
- 覺察與覺醒
- 誠實與責任
- 公開與透明
- 科學與精神性

我節錄《與神對話全集2下冊p.219》：

尼：但我們又在兜圈子了。群體意識不會使個人的能力減弱嗎？

神：讓我們看看。設若這個星球上每個人都得以滿足其基本需求——設若大眾都能過著有尊嚴的生活，擺脫僅為求生而做的掙扎——則這不會為全人類打開從事更高的追求之路嗎？

設若人人的生存可以獲得保證，個體的偉大性真的會被壓抑嗎？

為了個體的容光，必得犧牲眾人的尊嚴嗎？

當人的容光必須以他人為代價時，那又是什麼容光呢？

在你們的星球上，我放置了足供所有人之需的資源。怎麼可能會每年有上萬的人餓死？成千的人無家可歸？上百萬的人缺乏尊嚴的生活？

為了結束這種狀況而給予的幫助，不是那種削減人之能力的幫助。

設若你們那些好過的人，為了不要削弱那些饑餓者和無家可歸者的能力，而不幫助他們，則你們那些好過者是偽善者。當別人垂死的時候，那些好過的人沒有一個是「好過」的。

一個社會進化到什麼程度，是以其如何對待其最小的成員來衡量的。如我已經說過的，挑戰在於去尋得幫助人而又不傷害人之平衡點。

我節錄《與神對話全集2下冊p.223~p.225》：

神：就全球政治而言，為什麼不共同去締造一個世界，去滿足每個人最基本的需求呢？

尼：我們正在做——試著做。

第三部分
源頭真相、真理、愛、邪惡、陰謀論

神：在人類史已經走過幾千幾萬年後，你們能說的只是這樣嗎？

事實是，你們幾乎完全沒有進化。你們仍舊在那「人人為己」的心態中打滾。

你們剝削地球，劫掠她的資源，剝削人民，有系統的剝奪那些不同意你們這些行為的人的權利，稱他們為「激進派」。

你們做這些事，全出於自私，因為你們發展出一種用別的辦法無法維持的生活方式。

你們必須年年砍伐千萬英畝的樹林，不然就沒報紙可看。你們必須破壞許多英里的臭氧層，不然就沒有發膠。你們必須把河川汙染到不可恢復的地步，不然你們就不能讓你們的工商業更大、更好、更多。你們必須剝削你們之中最小的人——生活條件最差、受教育最少、最沒有覺察力的——不然你們就無法過著曠古未聞的——也沒必要的——頂尖侈奢生活。而且，你們必須否認自己在做這種事情，否則你們就無法與自己相處。

你們無法在心中找到「單純生活，以便他人可活」。這句汽車保險杆貼紙的智慧，對你們來說是太單純了。它對你們要求得太多，要你們給予得太多。畢竟，你們工作得那麼辛苦，才得到你們所得到的東西。你們什麼也不能放棄！而設若其他的人類——還不用說你們自己孩子的孩子——必須為此受苦，去他的，誰管他，是不？你們自己為了生存必須去做的，別人也可以做！是不？畢竟，人人為自己，是不？

尼：有沒有任何途徑可以脫出這一團糟？

神：有。我還要再說一遍嗎？意識轉移。

你無法透過政府的行動或政治方法來解決摧殘著人類的問題。你們這樣試已經試了好幾千年了。

這個改變必須、也只有在人心中才能做到。

尼：你能把這個改變用一句話說出來嗎？

神：我已經這樣說過好幾次了。

你們必須不再把神視為與你們有所分別，不再把你們各自視為有所分別。

唯一的解決之途乃是那最終的真相：宇宙中沒有任何東西是跟任何東西分別的。一切事物都跟一切生命相連、相依、互動、交織，而這種情況又是內具的、不可改變的。

一切的政府，一切的政策，都必須以此真相為基礎。所有的法律規章都必須以此為根本。

這乃是你們人類的未來希望，是你們星球的唯一希望。

尼：你在本書第一部所說的愛的法則，又怎麼說呢？

神：愛給予一切，而一無所求。

尼：我們怎麼可能一無所求？

神：如果你們人類每個人都給予一切，你們怎麼會有所求呢？你們之有求任何東西，是因為有人不給。不要再不給了！

尼：除非我們每個人都同時這樣做，否則這個辦法是不易生效的。

神：沒錯。你們現在所需要的是一種全球意識。

然而，全球意識怎麼產生呢？必得有某個人開始。

這是你的機會。

你可以是這新意識的源頭。

你可以是那靈感之源。

事實上，你必須是。

第十四章

愛

「愛」——其實「愛」是沒分無條件或有條件。眞正的「愛」本質根本特性／屬性就是無條件。沒有「有條件的愛」，有條件就已經不是「愛」，是「交易」。「交易」本質特性／屬性是有條件的，「交易」不等於「愛」，是假愛、假扮「愛」，是假貨、A貨。

世俗如何歪曲「愛」

人誤解「有條件的交易」爲正常的「愛」。那爲什麼人會誤解及視「愛」是有條件爲「正常」，卽爲什麼會有「有條件的愛」出現呢？

一、因你們已忘記你們原本、根本是誰、是什麼了，爲什麼理由投生投到人世間，你們來到人世間是原本想體驗、經驗什麼呢？原本、原意、目的、動機是什麼呢？你們全忘記了。

二、有些不善的人或邪惡的人隱瞞或阻止「你根本已經就是「愛」」或「你根本已經就是無條件的愛」這眞相、及以上我所說有關源頭、盤古初開或未開的眞相。

三、再加上世界、社會、主流、大部分已一代傳一代一直

第三部分
源頭眞相、眞理、愛、邪惡、陰謀論

習慣採用、接受、默許、認同N世紀、幾千年、甚至乎幾萬年來根深蒂固的最大遊戲規則--就是：我們的世界社會的模式或最大遊戲規則是以「名、利、權」定義爲「成功」及「正常」的意識。一切教育界、社福界、醫學界、政治界等等各方面都是建基於這最大、最基礎的遊戲規則之上。誰爭取得到擁有最多越多的名、最多越多的利、最多越多的權，我們稱他／她爲之叫「成功人仕」。於是乎大家爲向著「成功」前進、進發，想成爲「成功人仕」，大家心底裡眞心目的、目標、出發點、動機都其實是爲了自己爭取更多「名、利、權」。

1. 名代表、表示名銜越多、越出名就代表是好的、是對的、是可信的、是可靠的、是眞理。

2. 利代表、表示我沒得到利益、金錢、著數，我是不會無條件幫你或給予你的。

3. 權代表、表示話事、控制、決定，可以不需依從別人意願。你要跟我意願，但我無須要理會你的意願。

這種意識是歷史悠久、非常根深蒂固，由你一出世，上一代就開始教育、培育你這種意識、思想、信念、價值觀，視之爲「正常」，也是社會主流共同認同、接受、默許、採用。但只是絕大部分人沒察覺、醒覺這所謂「正常」、「主流」、「對」的意識、遊戲規則對人道、人性會造成極久、極大、極多傷害、痛苦、仇恨、悲劇、邪惡。這幾乎全宇宙稍懂眞相、稍有智慧、稍有人道的文明星球都不會採用這「名、利、權」

的遊戲規則及體制。地球人的面子、傲慢、不良的意識是很根深蒂固，它就像毒癮。

人利用「愛」去令別人、其他人在其控制之下，並獲取他們的創造物據為己有。舉個現實社會例子作解釋：每人的天性特質都想被人欣賞、讚美、信任、尊重、關懷、感謝，這些簡稱歸納為「愛」。背後隱祕、早期、頂層的邪惡勢力／力量直至現今主流社會、父母、老師、朋友、同事、人會向你說如果你想要以上這些東西，你必須要不斷努力工作或創造許多符合這社會要求的創造物，否則沒有人愛你，你沒有「愛」，甚至乎討厭你、憎恨你、消滅你，因你是沒價值、是沒用的、是多餘的。當你做到我滿意之後，我用錢代表／表示「愛」去獎賞你，你的創造物我買了，是我的。你同樣可跟我一樣，用錢去獎賞（代替真愛）及買（即獲取、獨自擁有）別人的其他創造物——這轉變過程即是由原本大家是互相無條件分享、欣賞、讚美、信任、尊重、關懷、感謝大家，變成要符合我意，然後我再獨占擁有了。你擁有的創造物越多，便叫越幸福——**實質原本是無條件就可以享受，現在要我日日做到隻狗才可有**，那不是幸福，而是變差了，變得辛苦了，downgraded（降級）了，被人騙了，做了傻仔、傻女。你要不斷地做、不能停、你一停，就有可能沒人再愛你了。邪惡勢力／力量透過這遊戲規則，將人類、你健康的意識改變為不健康、醜惡、腐敗的意識，將真理變為歪理，將真相變為假相。

這做法首先是要：1. 隱瞞及阻止「你根本已經就是「愛」」或「你根本已經就是無條件的愛」這真相；2. 我要

第三部分
源頭真相、真理、愛、邪惡、陰謀論

做大莊家，無論你用錢又好，用什麼人事物、工具去玩這遊戲都好，只要是在我這設計下或控制下的遊戲規則，我怎樣都會是贏家，贏取大多數錢、人事物、工具。這就是背後隱祕、早期、頂層的邪惡勢力／力量的想法。像我對狗仔說你還未有尾巴（尾巴喻意：愛），快點轉圈捉住自己的尾巴啦！狗仔不停轉圈，不停玩這遊戲。這遊戲控制了這隻狗仔一生在玩這兜圈的遊戲規則。牠會以為這是真理，不會有空閒時間想其他以外的東西，例：狗生意義、為何在這裡等等。直至除非這隻狗仔一天醒覺發現尾巴根本原來一直在牠的身上，牠才能停下來，自由自在去想走其他有意義、有意思的路。你們世人就好似這隻狗隻一樣。能玩這遊戲玩得越好、越成功的話，即代表你越認同、同意、接受這遊戲規則，我就可以嘉許、升你級別、地位、賜予你更大權力去管理這遊戲。

世俗的錯誤、有癌細胞、有病、未醒的意識將人事物、整個社會壓倒、變成、分化成有、無價值。有價值的就被愛，無價值的就不被愛。當令你感到自己無價值時，那你就承認你自己很差，那你就承認感到你自己不被愛、不值得有愛，你就真的自己親手拿掉你身上的愛，沒有了愛之後，你的問題可大了，問題陸陸續續不斷，沒完沒了，連鎖效應，傳遍整個世界。

這種根深蒂固從古到今看似是對、好合理的思維想法，其源頭／原因／因由有可能涉及不善的一派外星人在背後用邪惡勢力／力量的陰謀去「教導／教化」、影響人類忘記本質自己就是無條件的愛、完美、卓越的真相，種下「癌細胞（意歪理）」到人類的意識裡去，做成現今的有條件的愛、無愛、鬥

爭、貧富、污染、批判、歧視、尊卑、二元對立的社會、世界。

當你們看完整本書後，你會發覺我其實在講：

1. 原本是怎樣？
2. 爲什麼變成今天這樣？
3. 現這樣有什麼問題？
4. 可以怎樣解決、變得更好？

愛因斯坦寫的一封祕密信

我引用一條影片：https://www.youtube.com/watch?v=xFmO6a0fRs8

由Ms. Brandon Bays講述有關愛因斯坦生前寫給他的女兒的一封信，影片翻譯成中文內容是：

開頭文字：

1938年由阿爾伯特·愛因斯坦寫的一封祕密信……。

對公衆隱瞞，直到他去世20年後。他不認爲人類對他的信息做好了準備。

我們現在準備好了嗎？

布蘭登·貝絲女士（Ms. Brandon Bays）講話：

衆所周知，阿爾伯特·愛因斯坦（Albert Einstein）是一名天才，他於1938年給他的女兒利瑟（Lieserl）寫了幾封信，他說：「請保留這些信，因為我不確定人類是否已經為此做好了準備。」因此，她終於在1980年發布了這封信。當我閱讀他寫的這封信時，我認為這正是我們此時需要聽到的。我們已經做好了準備，正在經歷我們目前正在經歷的一切，這些都是我們需要聽到的確切的字。

　　「當我提出相對論時，很少有人了解我，而我現在要傳達給人類的啟示也將與世界上的誤解和偏見相衝突。

　　我要求您可保存這些信幾年、數十年的時間，直到社會發展到足以接受我將在下面解釋的內容為止。

　　到目前為止，還沒有一種強大的力量，科學還未可以找到正式的解釋。它是一種包括所有其他方面並支配所有其他方面的力量，甚至於在宇宙中正在背後運行的任何現象，而我們尚未鑒定。這種宇宙性的力量就是愛。

　　當科學家尋找統一的宇宙理論時，他們忘記了最強大的看不見的力量。愛是光，照亮了給予和接受愛的人。愛是引力，因為它使某些人感到被他人吸引。愛是力量，因為它使我們擁有的最好的東西成倍增加，並且使人類不會因盲目自私而滅絕。愛展現並揭示。為了愛，我們生活和死亡。愛是神／上帝，神／上帝就是愛。

這種力量解釋了一切並賦予了生命意義。這是我們長期以來一直忽略的參數，也許是因為我們害怕愛，因為它是宇宙中人類沒有學會隨意駕馭的唯一能量。

為了讓愛可見，我用最著名的方程式做了一個簡單的替換。如果取替$E=mc^2$，我們接受愛可以乘以光速的平方來治療世界的能量（他意$E= lc^2$，E = Healing Energy，l = love, c = speed of light），那麼我們得出的結論是，愛是最強大的力量，因為它沒有極限。

在人類失敗地使用和控制不利於我們的宇宙其他力量之後，我們迫切需要以另一種能量來滋養自己。

如果我們希望我們的物種生存，如果我們要在生活中尋找意義，如果我們想要拯救世界以及生活在其中的每位有感情的人，愛就是唯一的答案。

也許我們還沒有準備好製造愛情炸彈，這種強大的裝置足以完全摧毀破壞地球的仇恨，自私和貪婪。

但是，每個人中都蘊藏著一種小而有力的愛的發動器，而其能量正在等待釋放。

親愛的利瑟爾（Lieserl），當我們學會給予和接受這種宇宙性的能量時，我們將肯定愛情可以征服所有，能夠超越一切，因為愛是生命的精髓。

我很遺憾在我一生未能對你表達我內心。道歉也許為時已晚，但是由於時間是相對的，我需要告訴您我愛您，並且感謝您，我已經找到了最終答案！」

你的父親

艾爾伯特·愛因斯坦

布蘭登·貝絲女士（Ms. Brandon Bay）講話：

我的確感到我們被生命呼喚，製造毀滅仇恨的愛情炸彈，這是我們物種生存的最終答案。我祈求您能與您喜愛的人在Facebook，YouTube上分享此內容，並且也許每天都聽聽。當中最大的就是愛。

最後的文字：

如果我們希望我們的物種生存，如果我們要在生活中尋找意義，如果我們想要拯救世界以及生活在其中的每位有感情的人，愛就是唯一的答案。

影片完。

1938年他寫下這封信，相隔42年後，1980年他的女兒在發布了這封信。再相隔40年後，即現在今年2020年，前後總共82年，我不知你們人類做好準備了沒有。

你們現實的文明、文化、習俗、意識相對於宇宙裡其他烏托邦星球的文明、文化、習俗、意識是非常之落後。就像你對原始人說：這世界有打火機、互聯網、飛機、汽車、電腦、手機一樣，原始人只會覺得你發瘋了。因相對於原始人，你說這些的都是太前衛、先進、進步了許多的文明、文化、習俗、意識。正如相對於地球人，我現說這些的都是太前衛、先進、進步了許多的文明、文化、習俗、意識。大部分原始人、地球人都不接受。結果告訴了你們答案。

耶穌都講了約2020年（到今年2020年為止），世界、世人、世俗、紅塵都依然是這樣，再多幾個耶穌、再多幾個2000年，你認為人類會準備好嗎？

神[註14.1]、耶穌、愛因斯坦、我的最終答案都是一樣：愛。那不是偉大，而只是正常不過的事情，那只是起點。只是你們的世界從來都未正常過，低於正常線很多，都未到達起步點。

註14.1：節錄《與神對話全集3上冊p.39》：

神：事實上，愛是所有的一切。

「愛」像橡根的彈力、像海洋的水

「愛」像橡根的彈力，源頭、神、大我、你就像橡根（rubberband）。橡根要知什麼叫彈力，它就必須將自己拉

第三部分
源頭真相、真理、愛、邪惡、陰謀論

開，拉開是不舒服、痛苦，但才能體驗、明懂彈力。彈力是橡根的屬性。愛就像彈力，你就像橡根。愛是你的屬性。但因地球人類拉得太遠，彈不回來，也無法彈回去，或只彈回少少，因此也忘了自己原本是橡根，及何謂彈力及怎彈。魔鬼、邪惡就像一條陳舊的橡根，無彈力、或已再無彈性了、或已拉斷了。

又像你對海洋裡的魚說：「你周圍都是水。」魚回答：「水在哪裡？我游了一生都找不到水。水是怎模樣？」無論你怎樣講及描述，魚都不太真的感覺、感受到、明白到。唯有將魚拿起離開海洋，牠突然感到不舒服、痛苦，然後再放回海洋水裡去的一剎那，牠就感覺到、感受到、明白到水是什麼、怎樣了。你就像那條魚，愛就像海洋。

你愛自己

你愛自己，這個「自己」可以細小到你的腳指尾的腳指甲，大到至整個宇宙也可以是你自己。這範圍定義是視乎你覺得自己的界限有多大小。

你的意識是否自由？如神在分裂自己時，祂有沒有控制你的意識？如有，祂怎體驗、經驗自己呢？祂只不過要指定A對B去做些什麼，然後祂又要指定B對A做什麼反應／回應，那叫什麼體驗、經驗自己呢？如這樣，祂只不過控制一切依她一個意願。如這樣，祂是無法體驗、經驗自己。神自己的意識是自由，所以祂要分散、分裂、分成自己，就必須連屬性、質素也

要分散、分裂、分成給予其他細小的自己。但你與祂（神）是無法真的分割，像你與你的體內外的器官是連在一起，只不過你知道你體內外的器官是你，但細胞不知還有其他器官及其裡的細胞，及你的存在，也不知道大家原來是一個、一體。

看看神如何看「自由」的意思。節錄《與神對話全集1上冊p.129》：

神：沒有期待的過你的生活——沒有要求明確結果的需要——那才是自由。那才是如神似的。那就是我所生活的樣子。

人怎樣定義某些人事物、東西「屬於自己」呢？答案就是：「在控制之下。」「屬於自己」=「在控制之下」？？神同樣將自己的屬性--自由意識--分裂給予你們。神沒定義「在祂控制範圍內／下」才算屬於自己，神甚至乎不會控制、阻止人去互相撕殺、打架劫舍、殺人放火、偷呃拐騙、姦淫擄掠、打扙戰爭，這才算得上神給你**完全絕對**的自由地去做，但你仍然是祂的一部分。你的意識、意思也就是祂的意識、意思，你所謂「錯」即等於祂也會錯。祂責怪你，也即責怪祂自己。你意識壞了，祂無法不愛你、不救你、不治好你，就像你的胃壞了、不健康，對你來說，你無法不愛你的胃，你唯有更關注你的胃，少食油膩，盡量救它及盡量治療好它。同一道理。

同樣你也無須定義「屬於自己」的範圍為能自己控制到的東西、人事物。同一道理，神沒控制你，但你也是祂。你沒控制你的胃怎消化、你的肺怎呼吸、你的血怎流動、你的心怎跳

動、你的皮膚怎流汗、你的肝脾腎、你的腳指甲怎生長等等，但它們也都是屬於你，它們也都是組成你，它們各自都是你其中一面，它們都是你，它們就是你。

所以這「自己」的範圍定義是細小到腳指尾的腳指甲，還是大至到整個宇宙，就視乎你想在人世間體驗、經驗成為一個小人物還是一個偉人。你想體驗、經驗成為一位偉人，你視所有人事物、東西為「自己」。你想體驗、經驗成為一位較小人物、角色，那你視個人或／及其親人為「自己」。

其他「愛」的解釋

何謂「愛」？何謂無條件的愛？任何人類的言語及文字解釋都限制了它，都有漏洞，但這樣就沒話可講、沒法可解說。除了以上之前我所解說，以下是我的其他解說：

第一個的解釋：我認為最BB級、簡單、基本、是從平日日常生活裡顧及別人、免對方或別人難受，例如：在地鐵多人的情況，你的背囊令你身體厚了1.5~2倍，所以顧及你背後與其他人的距離；乘電梯時站靠右點，顧及讓其他人有空間在左邊行過；一邊行街，一邊抽煙，顧及後面的人吸你噴出的迎面飄過的二手煙；別站在地鐵出閘口，顧及勿阻擋許多人正在出閘；當行人路狹窄，三人打橫平排而行路，顧及勿阻擋讓後面的人行過；不要將不要的大型家俱掉在樓梯，收垃圾的亞哥、亞姐不是搬運工人，沒責任要清走；等等諸如此類，實在太多日常生活例子。就像youtube裡的一條由香港運輸署所拍攝叫《搭

車顧自己都要顧人哋》的影片一樣。無條件的愛不是要你捐十萬八萬就代表你有，而是從你日常生活的態度、品行而開始。現實世俗人的態度及品行大都是不忍得、不讓得、不少得。

第二個的解釋：我為你選擇你最高的善，但更為你選擇你的意願。這是愛的最確切表示。當我想要給你的是你想要我給你的，我就是真的愛你。當我想要給你的是「我」想要給你的，則我愛的是我自己，只不過是借著你。同樣的，借著同樣的尺度，你也可以以此來斷定別人對你的愛，也可以斷定你是否真正愛別人。因為愛不為自己求取，而只想讓被愛的人的選擇成為事實。（這是神的解釋，節錄《與神對話全集3上冊p.19》）

第三個的解釋：幻想你現在是神或大我，你的身體內就是宇宙，你的身體內某一部分（例如手指尾頭）就是地球，那處的每一粒微細細胞就是一個人（即也稱呼為小我）。你愛不愛你自己的身體的任何一部分呢？你會傷害你自己的身體的任何一部分嗎？即使你的手指尾頭損了、爛了、如何無用、做了什麼不對的錯事，你忍心切掉它嗎？還是盡可能想辦法治療救回那手指尾頭呢？這就是「無條件的愛」。只要血液能流通到的都是屬於你的身體，血液就像「無條件的愛」，流通全個身體，流通全個宇宙。

第四個的解釋：我就是你，你就是他／她／牠／它／祂，他／她／牠／它／祂就是我。例如：你是我，我是甲由，甲由是神，神是你。

第三部分
源頭真相、真理、愛、邪惡、陰謀論

第五個的解釋：我會引用及修改耶穌的話語：（馬可福音12:31及雅各書2:8-13）：「愛人如己」，我修改爲：「愛任何東西（包括有生命及非生命）如己」。（註：重申一次，此書與宗教無關。）

第六個的的解釋：我會引用耶穌的話語：（馬太福音7:12）「所以，無論何事，你們願意人怎樣待你們，你們也要怎樣待人，因爲這就是律法和先知的道理」。（註：重申一次，此書與宗教無關。）

第七個的的解釋：用google.com搜尋關鍵字：「無條件的愛」，也是可找到其他解釋的。

雙生火焰就是象徵、表達無條件的愛，我和悟空的愛許多時是透過歌曲來表現出來，你們可到我的網址TwinFlames.cc收聽。

第十五章

眞理、眞相與世俗剛剛相反

何謂「眞」？何謂「假」？

「眞」是：永恆不變。「永恆」指由宇宙大爆炸發生前直至全宇宙末日消失發生後。（這句已是很保守說法，這句說法可能限制了。）

「假」是：任何「眞」的以外。

世俗是假，但世人當眞。世俗教你不外乎20個字：七情六慾、紅白二事、節日慶忌、名利權、吃喝玩、老病。

靈性是眞，但世人當假。靈性教你包括，但不限於：人生任務、靈魂目的、我們是一個、烏托邦、無條件的愛、源頭，你本身、本來、原本就已是完美、卓越、偉大重要。

有些東西是天生本質不能、也不應改變，但你們硬要改變，例如：自由自在、無拘無束、精神及心靈上的快樂、做自己喜歡的事、體驗被眞愛、體驗去眞愛、體驗完美、卓越、及成爲偉大重要的自己。以上你們改變了成限制、辛勞、被迫、壓抑、抑鬱、沮喪、受傷、痛苦。

有些東西是可以、也應改變，但你們硬要堅持，例如：名利權的遊戲規則、以經濟定義爲繁榮、以擁有越多爲之叫越「成功」、越「幸福」的定義。以上你們堅持著鬥爭、不公平、不人道、階級分化、資源不均及濫用、恐怖、殘暴。

弱肉強食、欺善怕惡是人類地球世界社會的文明、文化、習慣、遊戲規則、意識、通病。人人爲了自保及爭取更多，結果反而大家一起攪炒。短見要自己有著數（意利益），長遠大家就一起X街（意去死）。

世俗都會以高名銜、高學歷、高職位、多財富、多物質、高級或大權力代表叻、聰明、對、成功。事實上你擁有越多，背負的因果及責任越多，你世俗的小我顧慮越多，越多的東西放不掉，你的大我靈性是越難發芽。許多人都喜歡高高在上，但耶穌說：「你們若不變成如同小孩子一樣，決不能進天國。所以，誰若自謙自卑如同這一個小孩，這人就是天國中最大的。」

眞理、眞相往往與世俗剛剛相反，甚至乎例外之中的再例外裡找到。因爲「眞」、「眞理」是要慨括、包含一切，唯一，而且永恆不變。世俗只計算以「大多數」爲準，少數（或例外）就不被理會。這顯然世俗的「大多數」的觀點、看法、東西是部分，但不是完全絕對的「眞」、「眞理」，因它們不能慨括、包含少數（或例外）。「大多數」的東西，人人都已知，所以要找到「眞」、「眞理」就要在還未被察覺到的少數例外之中，甚至乎在例外之中的再例外裡找到。我自己就已經

是一個例外之中再例外的人。例如：靈性是比較離地，是主流大部分人的例外，「靜坐」是靈性的一種方法，但「靜坐」不適合我，但「靜」適合我，我就是例外之中的再例外。又例如：雙生火焰的發現本身已是很少數例外，一般人以為是一男一女，但是像我們是同性別，但異性戀，也又再一次例外。大家都知道唐三藏很柔弱，但卻偏偏當上leader（帶領者／領導者），又是例外。順便一提，有位國際知名的靈性導師Eckhart Tolle，他比我更柔弱，但他卻帶領全球邁向和平。我想高靈想證明，真正要改善這世界並不是需要剛強、強悍，相反，而是道理、溫和。主流社會大部分人推舉認為強悍的人就能保護地方、人事物，但愛恩斯坦曾說：「Peace cannot kept by force, it can only be achieved by understanding.（和平不能靠強迫維持，只有明白才可做到）。」你有何時曾聽過世人會感謝哪位總統或富翁改善了他們的人生呢？但你卻聽過許多人感謝耶穌、佛陀、Eckhart Tolle、Neale Donald Walsch改善了他們的人生。我和我的雙生火焰身上還有許多例外，尤其特別是在我身上更多。這「例外」證明就是「求真」的精髓。若你夠「求真」到源頭的話，我敢說：「世上只要有一個人有錯、有一個賊、有一個乞丐等等什麼都好，全世界所有人都有責任。」當然一般世俗大部人都不會明白這一點為什麼，不明白就不同意。

此段順帶：在《與神對話全集1上冊》一書裡p.98~p.99這兩頁有解釋到真理、真相在世俗會被看得很怪，但真理、真相是令世界更美好，但講真理、真相的人會易得罪人、有生命危險。我建議大家去看一看這系列的書。這本書講及政治與宗

教這些敏感話題及眞相，如果那些話是由人講，該人可以被消失，但那是神講。人即使知，也不敢講，但神就敢講。因神無處不在，但你找不到祂，也消失不到祂。得罪人的眞相交由神講是最好。

我節錄《與神對話全集2上冊p.50》：

神：你不能把「你」納入，因為你像宇宙一樣沒有邊界。然則你可以用想像的方式為你無界限的本我，創造出界限概念來，並接受此界限。

就某種意義說，這是唯一可以讓你把自己當做某種特定事物來認知的辦法。

但無界的就是無界的。無限的就是無限的。它不可能在任何一個地方，因為它處處都在。如果它處處都在，它就不在任何一處。

神處處都在。因此，神不在任何一處，因為如果要在任何一處，神就不能在別處──而於神這是不可能的。

於神，只有一件事是「不可能」的，那就是不是神。神不能「不是」。神也不能不像它自己。神不能把它自己「非神」。

我處處皆在，全然就是如此。而由於我處處皆在，我不在任何一處。而設若我不在任何一處（NOWHERE），那我在哪里？

現在在此（NOW HERE）。

如你認為、認同的道理、東西有例外，也卽你的道理有

漏洞，那你的道理就不是絕對的眞理，也卽你的道理不能涵蓋一切。不是眞理，那就有不對、錯的地方。人常說：「凡事都有例外。」意卽指世俗的一切所有的道理、東西、事都不是絕對的眞理。是的，但大部分地球世俗普通人類是無法、無能力看穿這幻象，從幻象中覺醒過來，這幻象太像眞了。卽使你死去，你仍希望收多點金銀衣紙、元寶、紙紮人事物等等，然後再希望下一世投生做個有錢人。那表示你死後仍喜歡、相信名利權，及你選擇仍去輪迴重複玩這世俗的遊戲。我不能說輪迴重複玩這世俗的遊戲是對是錯。This is just a matter of your choice.這是你的一個選擇。天使只會讓你自由選擇，而魔鬼是會sell你、吸引你選擇它。所以加入天使的人少，加入魔鬼的人多。天使不做sell，不做優惠，不做送贈品、回贈，不款待。而魔鬼有金壁輝煌的門面、笑面迎人、熱誠款待、聲勢浩大、排場十足、衣香鬢影，你立卽感到高人一等，魔鬼額頭不會寫上「魔鬼」兩字，他們也會扮天使，魔鬼的身材，扮天使的臉孔，問你如何抗拒呢？越聰明的人越識玩這些「僞」術，因越聰明的人越怕蝕底。其實聰明與古惑有時只是一絲之差。你唯有自己蛻變成是眞天使，才能辨出魔鬼及僞天使。但在你未蛻變前，你是不斷踫踫撞撞、兜兜圈圈、重重複複。

世俗人生如遊戲，無論你玩得多成功、精彩，更好玩的遊戲你想多生多世輪迴重複地玩嗎？如果你不想，那你就要開始學習「求眞」。**「求眞」**這兩字是全書最重要、最重點，也是世俗最遺忘、最不鼓勵、最打壓、最不善長的東西。這種不鼓勵、打壓「眞」的世俗的意識、文化、文明、歷史悠久、根深蒂固的根源我認爲有可能是源自於邪惡勢力／力量的陰謀，目

的就是弄到世界忘掉眞理、眞相、忘掉自己就是無條件的愛、完美、卓越，弄到不和、競爭、鬥爭、不快、傷害、辛苦、痛苦、不自由等等。眞理、眞相只在你意識的一念之刹那瞬間的開悟或醒覺，但不要看少這麼簡單的一念，人類用了數千年或甚至更久數N年，耗盡許多人事物直至至今都未能做到這一念。做到的話，你也不會在這裡（除非你像新小孩有特殊任務），也不會有第三世界（意指貧乏、饑餓、疾病、垂死、戰亂的地方），地球已是烏托邦了。

世俗人不喜，也不善於求眞，害怕面對眞理、眞相。曾有則新聞報導有位高級要員出席一個活動與學生分享時，引述日本著名作家東野圭吾的一番話：「罪犯未必係壞人，犯罪亦都有好多客觀嘅原因，都好多值得同情嘅地方；同樣，警察都唔一定個個係好人嚟嘅。」言論一出，即引起警界不滿，指引喻失當，打擊警務人員士氣及信心。有群組或團體要求那要員道歉下台。那新聞還報導說：「眞話和事實也不一定受歡迎。在一個很多人說謊不眨眼的世界，說眞話眞的很令人害怕。」在這件事，我不傾向哪一邊，我不說是對是錯，我是站在中間、中立。我只是問爲什麼？爲什麼一句很簡單有事實證據的眞話那麼輕易就打倒了外表威猛剛強、不怕窮凶極惡、訓練有素的警務人員的內心及信心呢？外在與內在是完全兩回不同的事。人外在不怕一班窮凶極惡、孔武有力的匪徒，但爲什麼人內心卻那麼害怕一句很簡單的眞話和事實呢？地球人很奇怪，地球人外在身體很強壯，很捱得，捱更抵夜、做足十多小時、六天工作，稱之爲「勤力」，並引此爲「傲」、「成功」的指標、座右銘。但內心心智卻很脆弱，只要有少少難聽的眞話、

沒有人給面子、沒有人讚，就大發雷霆、很憤怒。世人們的面子及自尊心想壓倒眞理、眞相。世人是非常恐懼眞理、眞相，連少少都害怕。世人覺得眞理、眞相令他們的面子受損、內心受傷，人表面剛強，內心脆弱、不堪一擊、蕩然無存。其實剛剛相反，眞理、眞相是救你們的。天使當魔鬼，魔鬼當天使。我明白社會、世俗的遊戲規則是：講是一套；做是另一套；眞理、眞相又是第三套。講要最好聽、暗語、客套話；做要有利益、著數、計算；眞理、眞相就則與之前兩套、世俗完全剛剛相反。但這樣的遊戲規則眞的對整體全人類有什麼益處呢？或又有什麼害處呢？你們世人要認眞思量一下。

地球人社會常說以爲經濟發達、金融體系良好、科技進步，稱之爲「社會繁榮、富裕」。但人類心靈不堪一擊、內心不快樂、不幸福。如果有班烏托邦高文明的外星人看到你們地球人，簡直笑X死人、成班傻仔傻女、X頭皮，看你們何時攪炒死。你們人類根本未見過眞正幸福快樂的世界文明。

人是一種不能信任的生物，是因人不說眞話。人不說眞話，是因人害怕不被接納、不被歡迎、不被愛。所以好聽的假話便變了可受人接納、受人歡迎、受人愛。沒有眞，人之間出現不信任乃是很正常自然發生的事。沒有互相之間的信任，後果不會少於不被接納、不被歡迎、不被愛那麼簡單，事情、社會、世界會變得更嚴重、更糟糕。你們人類就是喜歡玩這自己玩回自己的自虐遊戲，總是要弄到令自己很痛苦，但卻又說是別人做成令自己痛苦。其實是你們共同一起互相認同、公認玩這遊戲規則、潛規則、文化爲所謂「正常」、「對」、

「好」，而最後共同承受回得出來的結果、後果就是：人不能信任、痛苦、糟糕。

　　順帶靈感到，部分選舉競爭的雙方都互相相識，一同曾共事工作過多年的舊好同事，但如今因為要競爭獲支持升職位（簡稱：爭位）、要贏、爭勝，而反目成仇、互相攻擊、抹黑、數臭、傷害雙方大家各自的心。究竟一個這樣品格、品德、品行的人去管制世界、社會會是怎樣呢？即使比賽完握手也只是表面功夫，剛剛在台上X完人或被人X完，想對方落敗，然後事後台下又笑口噬噬互相握手擁抱恭喜祝對方獲職成功，你相信有幾多真心呢？這反顯得有多懂假，但世人會用「禮貌」來包裝這行為。你認為你讚賞、支持的勝出者的人品、品格如何呢？但他／她將會是帶領及管治的榜樣。而你們人類就是推舉、支持這樣的遊戲規則。

　　這世界的遊戲規則是以名利權為最大基礎。其實這對有真善愛的人事物不利（unfavor），而對假惡武的人事物有利。你們人類認為誰強悍、誰有威嚴、誰殺傷力強，誰能爭取得最多，誰就能保衛人民及帶領社會前進。這種思維意識很落後、原始、不健康，所以地球也很落後、原始、不健康。怪不得，N千年來，從來不會有人支持耶穌、佛陀、老子、德蘭修女帶領社會。真正善良、好和平、為大圍著想的人是不善於、也不喜歡競爭、爭取，將自己利益放到最後。你要，他／她讓給你；你是真心，他／她反而協助你；所以地球才也會變得很善良、和平、禮讓、共同獲益。

強悍可以消滅、殲滅敵人、和平、所有一切。但軟弱可以保存。在youtube裡找《老子說》全集粵語（蔡志忠）影片裡，旁白說：

　　自古以來，一般的教誨都是：人要表現剛強，不可柔弱。不過，老子在二千多年前寫的《道德經》裡已說過：「人要表現柔弱，不要剛強。」人說：「可是一般人都認為剛強好。」老子卻說：「剛強的容易折斷，柔弱的能夠保全。比如說，你身上什麼最硬？什麼最軟？牙齒最硬，舌頭最軟。到了年紀大，牙齒全部掉光了，舌頭卻完好無損。大樹比小草剛強，颱風來的時候，大樹經常被連根拔起。小草卻安然無恙。風無形無體，卻能夠把房屋跟樹木都吹倒，水可方可圓，這不是說明了剛強未必是強，柔弱才是真正的強。」老子還說：「一般人認為聰明好，但一個智者應該表現愚魯，大智若愚。真正厲害的人，看起來像是很平凡。」

　　世人支持、認同前者（強悍的人），所以世人口中說：要和平、正義、自由，但實則做就寧願互相殲滅、消滅、滅亡（攬炒）。強悍不一定是（實體上的）武力，也可以是（無形上、精神上、意識上）政策、規則、條文、法例、文字、意識、文明、文化、態度、言語、思想上。

　　我有許多的看法，神在《與神對話》一書裡也是有相同的看法。節錄《與神對話全集2下冊p.258~p.259》：

　　神：我說的是一個兩件事情得以確保的世界：

1. 滿足基本需求

2. 上升的機會

你們世界的資源是如此豐富，你們卻未能設法做到這兩件事。你們反而讓千萬人陷於社會經濟尺規的最低端，設計了一種世界觀，制度化的把他們困在那裡。你們任許每年上萬的人僅因缺乏最基本的需求而死。

世界儘管如此莊嚴華美，你們卻沒有找到一條足夠莊嚴華美的路，可以不再有人餓死，更不用說互相屠殺。你們實實在在是眼看孩子們在你們面前餓死。你們實實在在是因為人跟你們意見不同而殺害他們。

你們是原始人。

人很歡迎許多好聽的謊話，但卻不能接受一句難聽的真話。所謂「善意的謊言（white lie）」就等於「潔淨的污水」一樣互相矛盾，用「善意」一詞試圖淡化「謊言」一詞的罪咎感或負面感，說得好似是對的一樣及合理、理所當然、理直氣壯。神說的比我更激進N倍，祂在書中像曾指名道姓地說或較明示地說。得罪人的話還是交由神講好點，因你不能、無法幹掉、消失祂，你找不到祂，但祂又無處不在。相反，人類常說謊、做壞事，但神卻沒有幹掉你。神在《與神對話全集2下冊第18章 - 你們是原始人，及第19章 - 從外太空來的生物正在幫助你們》裡詳述地球社會、經濟、政治、宗教方面的不善、問題、陰謀都是很糟糕、原始的，及改善方法（但大部分世人都不會理會及關心）。神在《與神對話全集2下冊p.187》說過：「凡你們沒有利益之處，你們就不關懷。」如你關注的話，可參閱。

宗教這題目不是我的使命或任務裡要講的題目，所以我不特別在此節錄。但在《與神對話全集3中冊第7章我們都是一體》有很長篇幅（章節的前半部分）神指出宗教的不善——用恐懼、隱瞞、做假來控制人。對神的角度，那可能只是說出／指出真相，但對宗教的角度，那是一種很大的衝擊、攻擊、挑戰。我認為那是非常震驚！試想想，全世界有多少宗教機構？有多少牧師？有多少教徒？宗教機構有多久根深蒂固的歷史？它有多大勢力範圍？它的形象呢？世界還有什麼是真的呢？有多少是真善良呢？有多少是真無條件的愛呢？慈善機構又有多少是真慈善呢？唉～This world is dying……但是有許多高靈、新小孩或外星資訊，還來幫助地球人。

　　我補充神在《與神對話》一書有說過宗教不是不好，只不過經過太長久歷史，當中有多少是後人人為加減，已很難去抽絲剝繭。我比喻像糖和鹽都已溝／混在一起，再很難分得清、分得開哪些是糖？哪些是鹽？善與惡、愛與恐懼、好與壞、正與邪、真與假、原意與扭曲都混在一起了。所以如果你到我的網站WesternScriptures.com裡介紹一套由《與神對話》作者尼爾旁述及參與的電影——iGod，影片裡訪問許多不同市民、大眾、及靈性專家對宗教所講的神各有什麼不同意見、反思，很有價值，值得看。

第三部分
源頭真相、真理、愛、邪惡、陰謀論

第十六章

邪惡、陰謀論

　　首先，善良及不善的外星人都是存在的，陰謀論是存在的，邪惡勢力／力量是存在的。事實上，我感到正義勢力／力量與邪惡勢力／力量是在各自角力拉攏人。外星人、陰謀論、地球揚升、人類覺醒的關係互相緊扣，將在往後數十年或數百年續漸顯露出來。結果只有兩個：一、若正面（覺醒、智慧、自由、高我、品格、誠實、真相）勝利，人類會活在烏托邦的世界；二、若負面（小我、貪名利懼、恐懼、憤怒、虛偽、戰爭）勝利，人類及／或地球將會被殲滅。但現其間還會處於一段很長的時間。

　　有位知名陰謀論專家——David Icke（大衛‧艾克）——在數十年來不斷出書（但只有一本中文簡體翻譯書，到26/3/2018為止）、巡迴各地演講（youtube上有大量中英影片）。數十年來，他曾經常被人恥笑、責罵、威嚇，但仍繼續。我不是陰謀論專家，我不敢下判斷。他所講的其實是非常……非常之震驚！！假使一位想騙財且搏上位的騙子也不敢去公然挑釁、說皇室與邪惡的外星蜥蜴人有關、及一些最名利權頂層的人的邪惡手段，因這樣做不但無運行，連命到無，而卻又出奇地還在生。相反，如一位想要搏名利權的人，那人應會馬住、附和、親和、討好同樣有名利權的老闆、客人，而不是去得罪皇室、有名利權的人。他說出許多有關邪惡勢力／力

量的眞相，而且非常之恐怖，但自行判斷。

另一位知名靈性、新時代、外星人、揚昇、超自然、宇宙、陰謀論、眞相專家——David Wilcock（大衛·威爾科克）——的出名著名《源場》系列書裡（有三本非常厚的中文繁體翻譯書，到30/3/2019爲止）也有講述類似的邪惡勢力／力量N世紀一直以來如何在地球影響人類。順帶一提，其實我在此書裡寫每一樣東西、每一個point，背後都是有大量書籍、作者、專家都是這樣講同一樣東西。我意思不是我一個人在講，我一個人講你可能不信，但一大班專家都這樣說，你應該去看看他們書及影片裡的資料、訪問、報導、演講，你又可去看看自行判斷。

越在名利權的遊戲頂層的，越不想消除這名利權模式，越不想平等，因這樣就自貶低了，不能再獨享優越感及權力了。地球人類在宇宙中是一個較高密度、低頻及落後的星球種族。善良的外星人正協助地球人從一直受背後祕密組織勞役控制下續漸覺醒你是誰、你是什麼，及拯救地球免受自毀，並將地球及人類揚昇到第五次元。新小孩／新人類或一些救世者協助及教導世人，沒有東西比任何生命得到善待更重要，「人道」或「生命道」主義是做人最基本的。由多世紀落後過時以名、利、權主導爲所爲「成功」的社會模式，應轉變提昇進步爲以互補、品格、眞相主導爲「成功」的社會模式。

我想籍著這章節機會補充解釋一下，陰謀論、邪惡勢力／力量是確實存在，但神在《與神對話》裡有講過：沒有眞正魔

鬼、地獄，也不要詛咒黑暗，所有都是天使。爲什麼這樣呢？是否有不一致、矛盾呢？因神站在最源頭的角度及觀點說，而陰謀論是我們人類站在地面的角度及觀點說。我用比喻：神所有兒女都是跟自己一樣（都是乖的），但有些忘記了做眞正自己或改變了不做眞正自己，做曳（意不乖）的角色。但我們都是一家人、一體，分不開的。乖及曳的兒女一起互動就有更大變化創意空間互相「幫助」大家去體驗自己由不是神選擇變爲神的經歷、過程、途徑、方法。即使那所謂「幫助」可能是給你痛苦、傷害，但你知道不快樂，就才會尋找、走回眞正正確快樂的神性道路、神性眞理。

從神站在源頭的觀點與角度看：烏托邦只有天使、愛，但正因現在地球不是，所以才需要魔鬼、恐懼存在合作來幫助推地球一把，推去死也是一種幫助。正路不能，就用偏門。若人善意、道理、良心不聽（這是先知先覺），就讓魔鬼給點痛苦人類，直至一切大家重新由頭來過，重新由0（零）開始。像一次世界大戰不夠，就第二次，再第三次（這是不知不覺）；就像一次大病不夠，就第二次；大病多幾次，你開始注重、關注健康（這是後知後覺），但復原過後，便忘記了，照暴飲暴食，直至殘廢了，你可能便會堅強起來（這是物極必反），又或去自殺，重新投胎再來過（這是得到最終教訓）。

正如神在《與神對話》裡解釋爲什麼阿道夫·希特勒上了天堂呢？他一個人只得兩隻手、一把口，沒有一大班人支持他、幫助他，他一個人無可能成功地將這麼多猶太人大屠殺成事（據維基百科資料是約數百萬人只是此單一事，加其他可能過

千萬人）。事前有人認爲他對，事後有人認爲他是惡魔。那人道、同情心、善心、良知便出現了。沒有這件事，人不會知、懂、感覺到。沒有這件事，人不會定種族滅絕爲國際罪行。你們部分普通平民百姓平時日常生活都是正在做同一道理的事，不比他的「幫助」差得那裡去。

當神站在人性的觀點與角度，祂就會用人的遊戲規則。當神站在另一性的觀點與角度，祂就會用另一遊戲規則。例如：神站在甲由的觀點與角度看人類個個都是邪惡、兇手，每一個人都想殺死牠們。但神站在人的觀點與角度看甲由隻隻都是污糟、有菌，每一隻甲由都要消滅。

所以其實一切對錯、眞假、善惡都只是觀點與角度。

1. 從世俗人的層面、觀點與角度來看，名利權像正常、主流、合理。

2. 從陰謀論的層面、觀點與角度來看，名利權像操控人類活在罐頭式的人生、處於無知的狀態、像狗仔不停追逐自己的尾巴、擁有羊群的意識及心理。

3. 從我的層面、觀點與角度來看，名利權像魔鬼。

4. 從宇宙不同星球的文明、文化、意識的層面、觀點與角度來看，名利權像落後、原始、過時的遊戲規則、社會模式、制度／體制。

5. 從源頭、神的層面、觀點與角度來看，名利權像一個反面教材。沒有差，怎知好是什麼；沒有不是你，怎知你是什麼。一切都是在祂之內，都是自己，祂都愛。

明不明白？

在這章節的最後，我想解釋爲什麼眞理、眞相是那麼重要呢？因人生最痛苦不是無工作、生意失敗、婚姻失敗、傾家蕩產、坐牢／坐監、死全家、變邪惡等等諸如此類，而是：**「不知道爲什麼會這樣。」**不知道一切問題的原因，它不斷重複發生及累積，直至你無法釋懷。即使死去，變成怨靈，再投生，它仍不斷多生多世折磨你，直至永遠或直至你明懂原因、因由、眞相、眞理爲止。

但世人偏偏不著重、甚至壓制眞理、眞相，所以絕大部分世人都是習慣受苦爲正常、爲必須要。所謂俗語有句「不辛苦怎得世間財」，其實是「有自在不做，拿苦來辛」。你們寧選擇每個人各自辛苦、捱苦叫作努力、勤奮，都不情願共同無條件互相幫助，像烏托邦享受人生。你們共同選擇一個較差而不自覺、醒覺，集體愚蠢。只要有一個智者提出更好的選擇，你們就排斥異類。你們將天使趕走，推魔鬼爲王。烏托邦、眞理、眞相像天使，名、利、權像魔鬼。

順帶藉著一段《溝仔追女成功祕笈》的影片（可到我的Blog文章《從講戀愛悟出眞理》：https://utopiaed.com/understand-the-truth-from-dating/）中及我寫的解釋，你

可以舉一反三地領悟到：從主流所謂「正義之士」的一方觀點與角度是如何理直氣壯地傷害許多無辜者而不自知。「元兇」揸住「正義徽章／光環」，自己無事，但被你傷害的人則被判了罪。若還擊，就被主流「合理地殺掉」。**人之所以變成邪惡，都是因感沒愛或感不被愛。**同時，你也可以看到世俗、主流、世人、女講者（無意中，她自己也不知）如何理直氣壯地打壓真理。

講開戀愛，婚姻介紹所、婚姻配對是講愛的地方，卻偏偏講條件，所謂「優質荀盤」意指高收人、高職位、高資產，講錢、地位、權力、階級觀念，很諷刺。為了賺錢，歪曲了愛。註：我知我會被該行業的人罵打爛人飯碗、阻人搵食，所以我要在此補鑊：我指只是部分公司而已，所以不要對號入座負面的那一些。

一位有妻之夫，他只不過與另一位女士密會食蛋糕而已，男即時被世俗千呼萬指是渣男、偷食、出軌、犯錯、感情缺失，工作都失掉；女的還要出來公開道歉、認錯。相反，一位有三位女朋友，又或另一位有四位太太，可公開攜眷出席公開場合，反而人們讚是情聖、浪漫、男士羨慕典範。你可以看到前者與後者形成極強大對比。後者比前者做得更甚四倍或更多，但不但完全無負面，而且正面千萬倍。若然世俗你們真的認為在道德上這是錯的，那為什麼你們有兩種／雙重標準、兩種／雙重反應、兩種／雙重對待呢？會不會因為名利權？見高就拜、見低就踩？若然名利權最大，可以蓋過道德，那你們還在講什麼是道德不道德呢？只講名利權，誰有越多名利權，誰

就越對、越正面。你們世俗有標準，但發生時又前後矛盾，雙重待遇、雙重反應、雙重處理。

　　人喜歡講就世界和平，實則做就名利權。講一套，做另一套。好似好合理、好有說服力、好平等、好公正。X！

第四部分

我和悟空，及我如何醒覺、蛻變

第十七章

初遇另一個我（悟空）

剛踏出社會開始工作約二、三年後，我已經遇見我的雙生火焰，他也同時是飾演現代真人版的孫悟空這角色的人。但當時大家什麼都不知道，不知道靈性、靛藍人、新小孩、雙生火焰、新時代、外星等等。就像一般普通人一樣世俗。我第一次遇見他就是我去聽一個大型講座，他是台上其中一位講者。我年少時已很喜歡周圍去聽不同題目的講座。當時我坐在中後排位置，我一向都是背貼椅背，很放鬆地去聽，有時會配合講者的聲音，舒服到睡著了。我聽過這麼多講者，他是唯一一個令我聽到整個人向前傾，雙手緊握手柄，聚精會神，眼望實，耳聽實，因我不想錯過他每一句說話及每一個動作。他說每一句說話都是有意思及引導下一步，他與觀眾的互動、反應是他的預期之內，好明顯這個人預先一早鋪排好，預先設定他想要的效果、結果。就好似玩魔術一樣，魔術師叫得你去檢查的工具是不會讓你發現到機關，叫得你不讓他／她看牌，他／她就預先知道有此一著，因遊戲規則、怎玩是他／她決定的。你想到的及你的的反應，魔術師一早知道，魔術師不會叫你做他／她不想你做的東西。所以這個人的整個演講令我最深刻記憶的不是他說的內容，而是我覺得這個人是非常聰明。我再環觀周圍的觀眾，我以為我會找到和我一樣反應的認同者，但我看他們的身體語言，似乎他們不覺得或他們看不到／看不穿這點或有什麼特別。他之後開課程，我參加了。就這樣隨時間久了，

我們像亦師亦友，當然他是師啦！最特別是他似乎看得到我一些未曾被世俗認同的潛能。他是第一位（直到現在爲止，在現實生活裡也是唯一一位）發現我有些與別不同的talent（天賦），這像突然有人再次提醒起我遺忘及沉睡已久的特質、特點、潛能。我日後發覺有些我們的天賦就只有我們倆人之間才能互相看得穿、看得懂。我很喜歡聽他說話，因他的話很有quality（品質）、有水準、到point（重點）、及一針見血，你講少少，他已明白整個故事及連結果、答案都有了，快、準。這有別於我慣常聽到大部分其他人說的閒計、是非、發洩、抱怨、廢話這些無益的話。我年少時是頗仰慕他的，現大個了，就欣賞他的世俗一面的能力、「武功」。

覺醒之後（意其後覺醒身分、角色之後，不好意思，要跳一跳，下一章節才言歸），我明白到我與他的相遇安排是要我先跟他學習，我的學習是要靠我自己去感受、明白、了解他的想法、思維、性格、觀點。他很有自信、動力、聰明、有主見、受人喜歡、尊重、擁有許多人事物、很叻。他雖奇貌不算揚，但他可以做到令別人欣賞、喜愛自己，說服力很強。雖對人較少的是無條件的愛，但在世俗，這算不上是什麼缺點，因全世界絕大部分人都沒有。世俗認同的優點，他都有，而我則剛剛相反。

我最大的所謂「缺點」是我的缺點容易讓人看到，而他則相反，他其實不少，只不過他不會容易讓人看到，看不到就沒有啦，無人會知，這就是他其一「聰明」[註17.1]。世俗人介意的所謂「缺點」其實都只是很表面及雞毛蒜皮，例如：沒幽

默感、沒車沒樓、沒錢、低職位、沒條件、不懂八面玲瓏、不懂吃喝玩樂。世人看得很重、介意，但我不介意，也不介意讓人知道我這些所謂「缺點」。所以在現實生活裡，沒人會欣賞及喜歡我。但世俗人的真正最大的缺點——沒有「無條件的愛」，卻沒有人去介意，人人都怕受傷、蝕底。其實如在烏托邦的世界，你們的所謂「優點」及「缺點」剛剛倒轉。邪惡勢力／力量就是喜歡想這樣，看到人類沒「無條件的愛」，最好是攬炒（意一起滅亡）。而我最大的所謂「優點」——善良，卻收得好入，因世俗環境不利於生存真善良。舉個比喻：一位天使投生到地獄，希望引導魔鬼向善，結果：一、早死；二、自己都變成魔鬼。

註17.1：「聰明」與「古惑」是一線之差，「智慧」與「愚蠢」是一線之差，甚至乎同意不同詞。「醒目」、「叻」、「聰明」、「智慧」是四樣不同的東西。用功夫比喻作解釋：「醒目」是不打得都看得，穿一身功夫服、花拳繡腳，是最表面、最易看到；「叻」是真材實料、日練夜練、硬橋硬馬、打得死人、是看得到；「聰明」是智取、不會硬撞、不易讓人發覺、發現；「智慧」是內功、隱藏、明白背後原因、原理，最難被人看得出。

現在世界社會是同而不和，但烏托邦的世界是和而不同。世俗將分化成所謂「優點」、「缺點」，只是一體兩面的不同。其實是同一樣東西，同時並存：一、要知道原本一個源頭大靈分散許多小靈，**別人某方面弱或少是因該方面強或多都去了給你及其他人處，相反亦然**；二、假設一個非常樂觀、凡事用攬笑過關的人，其實也同時表示他／她可能缺少危機或危險意識、常不小心；又假設一個沉悶的人，其實也同時表示他／

她可能擁有很強的自理能力、心思細密、簡單容易自己滿足快樂；假設一個行動快捷、有效率的人，其實也同時表示他／她可能很衝動、很害怕別人覺得自己不叻、自尊心很強；又假設一個很慢活的人，其實也同時表示他／她可能很享受悠悠自然的生活、不活在別人的期望中。善於周詳計劃，就有可能不善於臨場應變；善於臨場應變，就有可能不善於周詳計劃。兩面都重要，只得一面倒，世界會玩完，所以不要互相取笑。而且所謂「優點」、「缺點」的定義、標準、準則、內容是會隨著時代、文明、地方、文化、潮流、人類的共同意識、工作性質等等而改變，不是永恒不變，也卽不是真的，不是真理。

雙生火焰就像一個蛋糕，用一把彎彎曲曲的刀切下去分開兩面，一面多，另一面就少，一面有，另一面就無。我就像一無是處、一事無成、一無所有。就像古代小說版、電影版裡的唐三藏一樣，給人的印象就是這樣。好明顯我就「百無」，因「百有」去了他處。但就是因為我「百無」，對我來說，較少負累，定、靜而生慧，較易脫俗、反璞歸真、覺醒。（註：我意比部分人較易，但仍然是很不容易的。因現實社會大環境主流已從你一出生開始已不鼓勵，及反而打壓這方面，但世人不知、不覺、不明、不懂。主流社會大環境鼓勵的是名利權、競爭、爭取。）我雖奇貌不算差，雖不致於人見人憎我，但也不會有多少人喜歡我。我唯一有較多的是無條件的愛，但這在地球這星球的世俗社會裡就變成了缺點。人只是講，因好聽，但不是真做。人內心心地覺得無條件是蝕底、被利用。及我對人事物的陰暗面特別敏感，但這幾乎每人都有陰暗面，所以不能說，易得罪人，變了無用武之地，但要改善世界及治療人類意

識，卻是需要這敏感及洞察能力。

　　人平常自以爲懂，但當眞正出意外時，像突襲測驗，你的污漬、漏洞、陰暗面就浮現出來，所以要很感敏平時經常地問自己爲什麼這樣。

第十八章

我們接觸靈性

　　隨時光飛逝，我們不約而同各自去接觸靈性的東西。我也不知、忘記了爲何怎開始，但我想我是一個求眞者，喜歡探索眞理、眞相、及人生哲理的人。我開始接觸除了靈性之外，還有新時代、外星人、外星文明、宇宙觀、陰謀論、覺醒、揚昇、古文明、超自然、心靈能力、神學、佛學、道德經、玄學、易學、卜卦、占星等等知識、講座、書籍、課堂等等。有許多人會覺得當中有互相矛盾，所以只會選一或兩樣，然後否定、排斥其他。可能他們認爲眞理、眞相應只得一個或一種。1. 首先我覺得以上所有學問、學說是ok，但每人、每位專家或每位老師的理解、觀點、角度、方法及翻譯都各自有不同。2. 綜合各學問、學說反而可互補不足，因各學問、學說都有其深淺範圍及限制，所以綜合、cross over將件事更立體、更闊，宏觀、微觀也可以。從不同層次、觀點與角度看同一樣東西、同一眞理、眞相。3. 不同學問、學說適合不同人。對你有用、有效、易明，對其他人可能是沒用、沒效果、難明；對你沒用、沒效果、難明，對其他人可能是有用、有效、易明；相反亦然。你讚同的東西也許也有不足、漏洞之處，你否定的東西也有其支持者。

　　接觸以上的學問及學說是對求眞、眞理、眞相打好基礎，其實這些是非常重要的基本人生知識，但學校、社會、主流不

教，因這些知識會教人、教你看穿世俗的幻象、假面目、虛假的東西，會令名利權不能站穩。所以過去歷史，「真」是被打壓，人人的「真心」被埋沒了。人類害怕他們一直奉行的競爭社會主義、「有條件的愛」的金錢買賣交易原來是錯。人類又害怕行對的路又會受傷。人類害怕許多東西。部分越表面高高在上、家財萬貫、笑面迎人，內心也害怕「真」、「真理」會令他們失去一切，令過去的努力、辛苦、信念變成白受、錯。

　　我節錄《與神對話全集1上冊p.71~p.72》：

　　尼：你還可以告訴我其他的嗎？

　　神：我告訴過你其他的了。自開天闢地以來，我告訴過你所有的。我一而再，再而三地告訴過你們。我派給你們一位又一位的老師。只是你們不聽他們。你們殺害他們。

　　尼：但為什麼呢？我們為什麼要殺害我們中最神聖的人？我們殺死他們或侮辱他們，都是一樣的。為什麼？

　　神：因為他們與你們所有每個否定我的思想抗衡。而你若要否定你自己，你就必須否認我。

　　尼：我為什麼會想否定你，或我？

　　神：因為你害怕。並且因為我的承諾太好了，以致你覺得不可能是真的。因為你無法接受那最偉大的真理。因而你們

將自己陷入一種叫人恐懼、依賴、不包容的靈性教誨裡，而非愛、力量和接受的靈性教誨裡去。

你們充滿了恐懼——而你們最大的恐懼是，我最大的允諾可能是人生最大的謊言。因而你們創造自己所能造的最大的幻想以保衛你們自己：你們宣稱，任何給予你們神的力量，並且向你們保證了神的愛的允諾，必然是魔鬼的假承諾。你告訴自己，神絕不會做這樣一個承諾，只有魔鬼會——以誘惑你去否定神的真實身分，但是你們卻以為神的真實身分，其實就是那可怕的、好判斷的、善妒的、愛報復的及會懲罰的存有中之存有。

縱使這個形容更適合一個魔鬼（如果有魔鬼的話），你們卻將魔鬼的特徵派給了神，為的是說服你自己別去接受你的創造者之似神的承諾，或接受自己的似神的特質。

恐懼的力量是很大的！

接觸靈性及新時代東西久了，才發現知道「靛藍小孩」這名詞及這東西，第一次，我竟連自己也沒感覺，這表示我已很「雞」了、入世了，忘記了我自己了。根據台灣臨床心理師張艾如院長的訪談，她用「雞」表示／比喻大多數的世俗人，「鶴」表示／比喻少數的新小孩，所謂「鶴立雞群」就是想表示／比喻新小孩在人群中顯得異常[註18.1]。我覺得這比喻是ok的。相反，倒轉來，幻想地球人來到烏托邦星球，烏托邦星球的新小孩／新人類又何常不覺得地球人很異常呢！第二次，我才醒覺這本書《靛藍成人手冊》在說我，它變成了我的其中一本自傳了。我第一瞬間就是想找回同類，但一來不會知誰是（我們每位外表一樣都是普通人），二來我發覺即使同是新小

孩，也不一定特別會friend到走在一起。

註18.1：用台灣臨床心理師張艾如院長的比喻說法：世俗人／大部分人是「雞」，而新小孩是「鶴」，兩種不同物種。她的理論、解釋可在我的網站NewChildren.net看到。從她的訪問中，她很了解新小孩，我頗認同她的專業意見。除了雞鶴比喻，我會比喻新小孩像是「帶有藥性健康的紅血球細胞意識」自願投生來到地球，是爲了治療、拯救世俗人的癌細胞意識。我比喻宇宙是一個身體，地球是身體某一患處，患處有癌細胞，每一粒細胞是一個人的意識。藥性紅血球細胞初混入癌細胞是會感不適，因要適應，紅血球細胞不能一下子將藥性放出，因癌細胞會以爲是攻擊、敵意、反抗，於是不快，兩敗俱傷，便違反了紅血球細胞投生的原意。要待時機成熟，才將藥力慢慢滲出去治療回自己及別人。以上只是一個典型情況，有些新小孩是一出生已發揮藥力，而且做得很好，例如：有位小女孩子叫Hailey Ford，從6歲開始幫助露宿者，親自種植生果及蔬菜，及建造房子給他們，而且得到許多人支持。（註：一般所謂「正常」大部分6歲小孩子自己不會想到要做這些事情。）

第十九章

人生許多巧合

我們間中會出來吃飯聚一聚，隨著時間飛逝，我對他的性格熟了。有次吃飯，我感覺他的性格好似《西遊記》裡的孫悟空。孫悟空的性格給人感覺剛強、自信、主動、聰明、幹勁、受人讚賞，而他的性格及給我的印象、感覺也是這樣。所以當時有次聚餐時，我只是隨口對他說說而已：「你好似孫悟空。」之後有時我都會只是當作講笑稱呼他叫悟空，但反而我一直沒有太留意到我自己的性格是不是似唐三藏。我對我的自我意識很薄弱，相反，他很強。「自我意識」簡意指對自己的認知、了解很清楚。這專業名稱「自我意識」，可到google.com搜尋，有更詳細解釋。但當時我其實只是隨口講講及認為只是個巧合。

其實像以上的巧合在我人生中都有不少，只不過我意識上覺得它們是巧合、想多了、幻想，沒有相關性或甚至乎沒留意。當一件事一次是這樣，這可能是巧合，但當十幾件事多次都是這樣指向同一方向，那就不是巧合，是刻意。醒覺後，我才敢確定是一直我內藏／內置的潛意識在影響著我。

以下是一些我還記得在我人生中的巧合（我有些事件都已忘記了，因記憶能力都去了他處）：

● 我曾有段時間經常感覺「I am The One」，其實當時我也不知中文怎解作什麼意思。我有想過解作：我是其中一個。但我是其中一個什麼呢？我是無法答到我自己，我不知道，我以為我在胡思亂想。我有想起我好似電影Matrix裡的Neo，我想我是想多了。可能我覺得Neo太有型了，於是我對自己心裡說：「停吧！別再胡思亂想，黐咗線！」，那之後就沒再有這種感覺了。事後醒覺，我知道那意思是：

節錄《與神對話全集1下冊p.191》：

神：因此我選擇了你做我的信使。你和許多其他人。因為現在，在即刻的眼前，世界將需要許多號角來吹出清亮的召喚。世界將需要許多聲音，來說出百千萬人渴望的真理和治癒的話語。世界將需要許多心結合在一起，來做靈魂的工作，並且準備去做神的工作。

節錄《與神對話全集1下冊p.193》：

神：宣告自己為一個屬神的人（a man of God）需要很大的勇氣。你了解，世界將會更有準備的去接受，你為不論什麼任何其他的東西——但一個屬神的人？一個真正的信使？我每一位信使都受到褻瀆。離獲得榮耀還差得遠著呢，他們除了心痛之外，什麼也沒得到。你願意嗎？你的心是否渴望說出關於我

第四部分
我和悟空，及我如何醒覺、蛻變

的真理？你是否願意忍受你的人類同胞的恥笑？你是否準備好放棄世上的榮耀，為了使靈魂的更大榮耀得以完全的實現？

節錄《與神對話全集3上冊p.92》：

神：清清楚楚看著黑暗，但不要去詛咒它。而寧是成為照亮黑暗的光，以便去改變它。讓你的光在眾人面前如此明亮，以致那站在黑暗中的人，被你生命的光所照耀，讓你們所有的人終於看到你們真正的誰。

做荷光者。因為你的光不止可以照亮自己的路。你的光可以是真正照亮世界的光。

噢，那麼，發亮吧！放光吧！絢爛吧！以致你最黑暗的時刻，也能變成你最大的禮物。正如你被賦予了禮物，你也要將禮物給予人，將不可言說的寶藏給予眾人：那寶藏即是他們自己。

讓這個成為你的任務，讓這個成為你最大的喜悅：把眾人的自己還給他們。甚至於在他們最黑暗的時刻。尤其是在最黑暗的時刻。

世界在等待你。治療它吧！現在。在你目前所處之地。你能做的還很多。

因為我的羊走失了，現在必須找回。所以，做我的好牧者吧！把他們帶回到我身邊。

●我曾經時常感知好似需要做某些事情，但總是想不出及確定要做什麼事情。我心裡只是常對自己說：「放棄吧！我沒辦法！我最多做到這樣！」這句說話我對自己說了都多到我不

記得有多少次了。但我連我要放棄什麼，我都不知道。什麼都未開始做過，何來要放棄什麼呢？沒東西要放棄，明天照舊如常要上班，放棄與不放棄都是一樣，沒分別。

●我平時喜歡將對人事物的洞見寫在紙上先。當我感到有重大人生洞見或真相，我會寫上網作結論或總結我的發現。我覺得這已是我最大的貢獻。

●我曾經想過如我要公開出文章，我會用筆名「外星人」，因我覺得我看地球上的人事物，我在思想卜經常好似飛離地球外，飛到在宇宙中，看回／望向地球上的人事物的角度，我覺得這看法、角度更全面、中肯、更客觀、更看到真理。所以我覺得我看人事物不似地球人，好似個外星人。註：我當時還未知道自己是「新小孩」或「靛藍小孩」這些名詞。

●曾經有某位導師幫我看Akashic Records（阿卡西記錄），他說我來自外星。

●曾經有某位導師幫我占星，她說我是做大事。

●曾有某位靈性導師說出在一班人中，有人的使命是拯救人類。雖然可能只是我對號入座，但其餘的使命不會似是說我吧。

●曾經有某位導師幫我占卜，最後目標的咁是地球。

●我曾經參加過一些玩潛意識咕的工作坊，同學旁觀者清指出我大部分咕都與醫生、護士、救人、醫療有關。

●我曾經參加過一些玩心理聯想咕的工作坊，咕意指我人生需要一條鑰匙打開這道門。（現在我才知道那一條鑰匙所指的是：雙生火焰。）

●我曾經參加過一些玩占卜圖像咕的工作坊，導師要我們問占卜：「我是誰？」。卜出來的三張圖像，頭二張我直覺看覺得很美，最後一張意像有點感受或觀看自己的內在。我當時心諗：「我有無咁靚呀！」，我當時是不明白、不信。（註：在我覺醒以前，我用普通世人的世俗的觀點、標準來看自己，我算是一個比平凡更平凡的人。我看過電影《西遊記女兒國》，裡面沙僧曾說過：「師父你是一點本事都沒有。」這句說話好打入我心，我想有許多人都這樣認爲。）

●曾經有某位導師幫我玄學算命，他算到我有高度智慧。（註：那時我才知道原來過去我所思想、感覺、洞見、意見、常被許多人視爲怪怪的及不喜的就是叫做智慧。）

●曾經有某位導師幫我做指皮紋分析，分析有200+分，一般人只有70~140。

●我曾去考Mensa試，我是合格者。合格者是該地方人口的前2% IQ高。

●他看得懂我的天賦。我也很欣賞他的聰明、才華、洞見、天賦。

●他比我的親人更好傾、投契，更像我的兄弟姊妹。

●我對他有種又愛又恨的感覺。（註：當時不明白為什麼，之後開悟或醒覺後才明白。）愛是因我欣賞他的才華、能力、聰明才智，恨是因他有些與我的意識、價值觀、信念相反。其實我愛及恨他的都是同一東西，只不過是一體兩面。

●當與他一起，我會莫明感到我性格上缺乏的部分得以增多。

　　還有些我忘記了（我記性不太好，記性的能力都去了給他。所以日後要視乎他想不想親自憶述他的故事。）以上我不是想說我有多叻，我只是想證明、想說我不是瘋的，或患有妄想症，或在裝神弄鬼。我懷疑我自己比世上任何人更久更多。^{（註19.1）}。我知道這本書對大部分的「雞」、世俗人太we-won-won（本地俗語／俚語，意解超自然、難以世俗一般見識去解釋的東西）、離地、匪夷所思、難以置信，所以你需要對我之前很早期所說的知識要有一定程度的基本的認知。

　　有些人說：「那些東西其實都是想導人向善啫！」那即表示那些人是不懂，這回應太輕挑。他們想表示已知、已明了，很簡單啫！有許多人知其字，而不知其義。若人真的懂，世界早已變了烏托邦了。耶穌+佛陀+老子+德蘭修女+其他靈性專家、救世者用了二千多年，地球世界都還未是烏托邦，其間還

發生兩次世界大戰，所以人類、世人懂個屁！識條鐵！（意懂個屁！我只是用本地俚語）。那些東西、知識、fact（事件、事實）是要很嚴正看待。

事實上，在現實生活裡，沒有人會說或覺得我會是叻，相反，我的職位、收入及財產可以足夠證明我是不叻，所以沒有人聽我說話，也不明白，就不會相信。如你有看過有關《西遊記》的電影、電視劇、書籍等等裡的唐三藏的個性，他完全不似一個leader（帶領者／領導者），甚至乎像閒人、路人丁，又不打得，又無氣勢。我可以向你說：我真人個性都是這樣。更／最諷刺的是世俗外在的小我是一個沒方向、沒目標、隨緣的人，但靈性內在的大我／真我是很清晰帶領揚昇的方向、目標、任務。世俗人相信CEO、有名望、有財氣、有權勢的人的話，因世俗對「叻」及「成功」的定義是用、以「名」、「利」、「權」來計算及衡量。其實從遠古到今N世紀以來，背後邪惡勢力／力量都在影響社會主流形成「階級制度」、「競爭」、「有條件的金錢交易」，這些看似、好似好有制度、正常。實質壓制「平等」、「公平」、「公正」、「和平」、「無條件愛的付出」。於是善於「平等」、「公平」、「公正」、「和平」、「無條件愛的付出」的人被打壓、受傷、抬不起頭、變了弱勢、少數。善於「階級制度」、「競爭」、「有條件的金錢交易」、「名」、「利」、「權」的人反而被捧上、被人崇拜、尊敬、成為被人學習對象。是誰管治地球世界地方都可以，只要該人是喜好、善於「名」、「利」、「權」，背後邪惡勢力／力量都喜歡，地球世界就會越亂、越不和平。邪惡勢力／力量不會喜歡像耶穌、佛陀、老

子、德蘭修女的人去管治地球世界，因爲他們會教人平等、公平、公正、和平、無條件愛的付出、眞理、眞相、自由、品格、智慧（覺醒）。

　　我作爲一位leader（帶領者／領導者），我認爲我一生大部分時間或過去前半生時間，我都無什麼作爲、沒什麼建樹、風光偉績。我唯一做得最多的就是：忍。忍你們、忍不講、忍不做。忍住不講你們人的錯誤、誤解，因一出聲就會被人罵、黑面、得罪人。忍不做什麼，因有許多東西我都看不過眼，但如一出手就會被人打，也不會得到人幫助、支持。舉一個日常小事例子：地鐵車箱繁忙時間非常多人，車廂空間不夠，每位背包人仕的背包不但很輕易撞到周圍的人，而且也用了車廂空間，你人身厚度多了1.5～2.5倍。若你可手拿著背包，除了不那麼輕易撞到周圍的人，也省占用少了車廂空間，讓其他人上車。但絕大部分99.99%的人都沒有這樣做，絕大部分99.99%的人都不會顧及、理會其他人，自己大X晒（大晒是本地俚語，意卽是大過、重要過、正確過所有任何其它東西）。若你看不過眼，去叫他們不要或改變，輕則他們不會理會你，初則口角，重則繼而動武，而且不止一人背包，是全車有背包的人都是這樣，最後你不是入殮房，就是入監房。另一個日常小事例子：行人路較窄時，前方人一邊走路、一邊抽煙，後方人就被迫吸迎面飄過的二手煙，與前例子同一道理。我要過了這「忍」的時期，有一個較成熟的自己才能可慢慢恰當地表達到出來，而令人可以較冷靜地、心平氣和地醒、明白及接受。我寫這本書就正是在做這件事。

平等是沒誰大過誰，也沒誰小過誰。一個老闆與一個清潔阿姨完全一樣大小。老闆只不過善於賺錢這方面，清潔阿姨則善於清潔污漬。世人、世俗有許多方面，世人選擇金錢為大、成功、主流，所以推舉賺錢能力越高者為王，不能得罪。但金錢這方面其實不是最好，它將無條件變為有條件，但**有很大副作用及後遺症**。世人、世俗反而漠視品格、人道、真相、真理這些方面，將最好的反而壓到最低、最後。

　　善於品格、人道、真相、真理這些方面的人，根本不會有「得罪」他們這樣的東西存在，因若你能指出他們的錯處或不妥，他們是非常高興，因**他們是以真理為準**。他們喜歡你的修正而令真理更準確無誤、無漏洞、無破綻。但做老闆不善於這方面，掌權的人也不善於這方面，所以推崇那些老闆及掌權者為王、為管制世界是不合適的。理應由善於、著重品格、人道、真相、真理的聖人去管治世界才能世界和平、自由、成為烏托邦。這些人有大愛，不善於鬥爭、不善於權力，所以世界才不會有鬥爭及權力大小之分。但就易被善於古惑、強悍、貪婪、邪惡的人攻擊、中傷、誣衊。愛本質是很脆弱，愛像血液，它的作用是令其它器官強壯健康地生存，所以需要大家保護。

　　所以我們社會不能、不應用外貌、形態、背景、學歷、經驗、地位、財富、階級、名銜、出身、國籍、身分、性別、年齡、工作、職業、性格、種族等等作標準。那些資料會帶來／做成偏見。我們應以平等、公平、公正、和平、無條件的愛、真理、真相、自由、品格、智慧（覺醒）來作劃一標準。簡化

是：以「互補、品格、真相」取代「名、利、權」的人類意識、社會模式、這星球的遊戲規則。但我想這難度高到可能N千年、N萬年、甚至N億年後都不知道有沒有機會做到，如世界屆時還未被攬炒玩完。因你、我心都很明白、清楚人類的醜陋、黑暗、邪惡去到哪境況呢！

以上的巧合沒使我立刻覺得我有什麼特別需要作出蛻變，只是照舊上班，想想有什麼可做而不用返工賺錢，因每日上班9小時（包1小時午飯）多年實在太倦了。醒覺後，我明白世人以為這叫正常，勤力工作賺錢叫正常，看似好合理，其實這是歪理。但世人一直當作真理，世人看不穿，世人不敏感，麻木了。這是邪惡勢力／力量的影響人類的意識下形成的所謂「正常、主流」。因為其實你根本沒法，也沒有享受過你的人生。那些娛樂、旅行都只是苦中作樂，長期的苦中作短暫的樂。原本每人都應該快樂地、無條件地享受你自己的人生，享受地球的一切，享受自己及別人的天賦所創造、產生的偉大的美及創造物。你認為烏托邦的世界會要你每日上班9小時辛勤地工作賺錢嗎？地球世界原本是烏托邦的世界，那才是正常。

之後我很慢慢地，生活頗重複及無意義，我感覺想要轉變，但想要變成怎樣呢？我要什麼呢？目標、理想是什麼呢？我不知道。

註19.1：我從以前懷疑自己到我最後明白為什麼我以前曾有段時間時常會無端端感覺我是其中一個的原因。我節錄《與神對話全集2上冊p.305~p.307》：

尼：他們到這裡來幫助讓我們知道我們是誰。

神：對的。他們是開悟了的靈魂，是已經進化了的靈魂。他們不再尋求他們自己的更高體驗。他們已經有過最高的體驗。他們現在唯一的願望，是把這種體驗的消息帶給你們。他們帶給你們「好消息」。他們會指示你們神的道路、神的生命。他們會說：「我是道路與生命。跟隨我。」他們會為你們做模範，讓你們知道，生活在與神有意識的結合中永遠的榮耀是什麼樣子。有意識的與神結合，就叫神識（God Consciousness，神之意識）。

我們一直是合一的，你與我。我們不可能不如此。那純是不可能的。然而你們現在生活在這種合一的無意識經驗中。以肉體生活於有意識的與一切萬有的合一中，也是可能的；有意識的覺察到最終真相；有意識的表達你真正是誰。當你這樣做時，你就為所有他人做了模範──所有生活在遺忘中的人。你成為活生生的提醒者。以此，你拯救他人免于永遠失落在遺忘中。

這即是地獄──永遠失落在遺忘中。然而，我不會允許。我不允許一隻羊失落，卻會派遣……牧者。

事實上，我會派遣許多牧者，而你，可以選擇成為其中之一。而當靈魂們從沉睡中被你喚醒，重新記得他們是誰，所有的天使在天國都為這些靈魂歡呼。因為，他們曾經走失，現在又找到了。

尼：正在現在，我們這星球上有這樣的人──神聖生命──是嗎？不僅是過去，而是現在？

神：是的。一直都有。一直都會有。我不會讓你們沒有教

師；我不會放棄羊群，我總是會派遣我的牧者來。現在你們星球上就有許多，宇宙的其他部分也有。在宇宙的某些部分，這些生命生活在一起，經常溝通著，經常表達著最高的真理。這就是我曾說過的啟蒙社會。他們存在，他們是真的，他們派遣使者到你們這裡來。

第二十章
我們要分開

　　《西遊記》電影版裡有一幕很傷感的劇情，是三藏誤會悟空打死了老婆婆，其實老婆婆是妖怪，叫悟空離開。在現代現實版，三藏與悟空分開卻是同樣發生。這件事我其實不想再提起，但它可能有必須要發生的，及是非常重要的轉淚點。現代現實版是這樣：有天，我與他相約吃飯，言語間，我第一次感受到他對我刻意很大攻擊，但我是從來沒有攻擊過他的，這次我已很不快。但第二次吃飯，我都勉強去，這次我感受到他的更差。不快的詳情不提了。是誰對誰錯？是不是誤會？是誰誤會誰？不提了。他再約，但我避免再受傷害，就這樣自2016年1月13日第二次吃飯後，沒再見面了。

　　當時我沒意識這與《西遊記》的劇情類似，但醒覺後，我覺得這是配合劇情需要的一部分。此刻分開好有可能是早已預計或設計好了，是有其用處的。之後讀者看下去〈我發現雙生火焰〉章節就會明白為什麼。

第二十一章

我醒覺使命

自畢業出來工作，即使我不斷努力工作及接觸、聽講座、參加課程有關神、佛、道、易、靈、玄、外、科、陰、占，我仍如常繼續生活、上班工作，日復日、年復年。餓我不死，浮浮沉沉，總是人生就好似部機器，做不停，不能不做，因要為糊口生存，但沒意義。

直到在2017年2月28日我的工作合約將會完結，當時我只知完約後，我會休息。我覺得我的人生的模式都會是一樣重複，我有種想改變的強烈慾望，但我又不知怎改。最實際是，我走不掉那金錢世界的大遊戲規則，特別我生活的這地方的人的文化是：面牌「吹」（意誇大的講）到靚一靚（意很漂亮），底牌是錢至上，即樣樣都是講錢。我們大多數人都為或被金錢綁住。若有家庭的人，你不食，個仔女都要食，所以大部分許多人只能不快樂地繼續照舊上班。放假旅行變成苦中作樂，是大長苦中作小短樂。我們的社會之所以有許多問題及不快樂是因為：1. 從貼地方面，我們的觀點與角度大都以錢行先，而不是人道的觀點與角度行先，結果是自食其果，跟著最終又是攬炒。2. 從離地方面，我們不知道我們本身、本來就已經是無條件的愛、完美、卓越、宏大的，我們就是神、神聖的。而以上兩方面都是源自因我們的意識有問題：1. 忘記了及沉睡了我們自己的本來，我們忘記了我們真正是誰及我們是什

麼；及加上2. 被由過去上多代的癌細胞意識的文化、教育，共同一代傳一代已擴散成為一個主流社會，變成為之「正常」。實際主流社會、大多數部分人都充滿癌細胞意識，於是當個個人都是這樣，人類就定義這現象叫「正常」，就變成以為應該是這樣。所謂「癌細胞意識」就是源用一直以名利權的管制、運行這世界為正確標準模式，在這最大的遊戲規則下，越爭取得最多的就稱之為「成功」或「成功人仕」。

雖然是這樣，即使完了合約後，立即有份更好人工及職位機會，我也婉拒了。我知道人工薪金銀碼及職位對我不重要，很厭倦，我想透透氣，定及停下來，我要自由的空閒時間。

這裡有點很重要：我討厭及渴求停止那些過往重複的工作人生，討厭程度到就算給我很多錢及高職位的機會也不要，在任何其他plan都沒有的情況下，仍堅持要停。有沒有風險？會否不智？當你去到一個臨界點，即再忍無可忍時，另一個強烈舉動就會出現。若你好肯定哪些不是你想要的，那你要想想什麼是你想要的，或想想你為什麼來到這世界的目的。

若你未有覺得要做出改變，那可能：1. 你還可接受或忍受；或2. 你還未知道自己來到這世界的目的、使命、任務。那可能還未是時侯改變，時辰未到。那你就繼續重複地承受或忍受，又或繼續摸索、尋找你自己的人生方向。但不要忍太耐或不要摸太久，否則很快終其一生，或已經太遲。

回想起，這段自由的空閒時間好似刻意被「整定」（意

刻意被安排），因所有之後我所講的發生的事都在這段日子裡發生。如沒有這段空閒或清閒日子，我是沒法蛻變，因蛻變時及其後數星期至數個月的意識要單獨，不可受到干擾，在平靜環境，情緒有起伏動盪。我對我醒覺使命的過程其實好簡單，但我都不明白為什麼當時我會那麼遲才發現[註21.1]。有天，我再思考吓除了我過去一直做開的工作種類及性質之外，會不會有其他適合的選擇、出路、提示呢？我用回我學過的玄學及靈性方法[註21.2]，研究吓。突然間，我在玄學方法裡找到一些與有疾病、單獨的孩子有關；在靈性方法裡找到與水晶小孩有關。我心想：全球大量新小孩常被誤解為自閉症、ADHD、隱敝青年或／及廢青，而我又是靛藍小孩／靛藍人（新小孩裡的一種），我是過來人。我聯想到及知道我的使命是幫助新一代的新小孩，我是以過來人生活在地球人世間所領悟、知道、明白、體驗到的再去告知、分享給下一代的新孩童及新青少年（我不敢用「教導」、「傳授」這些字眼，因年齡並不代表等於智慧，他們可以反過來教導我），讓他們早點容易了解、明白及渡過，將來長大後，待他們繼續協助揚昇地球成為烏托邦的使命、任務，也同時讓世人明白、提拔、協助、支持他們。我會死去，讓他們繼續發光發亮為著揚升地球成為將來的烏托邦前進。

註21.1：神在書中答作者尼爾‧唐納‧沃許的同時，也像答了我同一樣的話。節錄《與神對話全集3中冊p.192~p.193》：

尼：但是我又為什麼非得經歷這麼久的遺忘呢？經歷這麼久的不信呢？到現在我仍然不能全信！到現在我仍然在這忘中

遊蕩。

神：不要對自己這麼嚴苛。這是歷程的一部分。以這方式發生，並沒什麼不對。

尼：那你又為什麼現在告訴我這一切？

神：因為你開始覺得不好玩了。你開始覺得人生不再喜悅了。你開始這麼糾纏在這歷程中，以致你忘了它只是歷程。

於是，你呼喚我。你求我到你身邊，幫助你領會，向你顯示神聖真理；向你揭示最大的祕密——那你把它推開的祕密。那你是誰的祕密。

現在我已做了。現在，我已讓你記得了。但這有用嗎？它會改變你明天的行為嗎？它會改變你今晚對事物的看法嗎？

現在你會治癒傷者的痛嗎？解除恐懼者的焦慮嗎？給貧困者所需嗎？為成功者歡慶嗎？處處看到我嗎？

這對真理實相的最新記憶會改變你的生活嗎？會使你改變別人的生活嗎？

還是你又會重歸遺忘？重回自私？重返你在這醒悟前你自以為自己是的小格局，留在那裡不肯出來？

你會是哪一種？

註21.2：玄學、靈性、神學、佛學等等，有許多人認為只可選一樣東西，然後就否定其餘，像信A就不能信B。其實所有東西都是能量，都有用或影響，只不過一件事情的形成是由太多不同多少大小因素、能量互相影響組成。對你有、沒有效，不代表對別人有、沒有效。適、不適合你，不代表適、不適

合別人。不同學問／學說本身各自有不同的能力、範圍及限制，不同專家也各自有不同的觀點、角度與經驗，是很難有絕對或劃一的標準。但無論是什麼命、運、風水都好，最大力量、能量、幸運我認為是：共同的無條件的愛。那是我暫時認為是唯一絕對及劃一的標準，否則，不達標準的就不是共同真心，不是真心有什麼問題呢？可以產生許多問題，可大可小，看看現在的地球世界的問題就知夠多了，最大、最後、最嚴重的就是攬炒（意一起滅亡），地球過去的文明歷史也曾試發生過。

　　我醒覺使命的那天是2017年4月3日，剛是全球自閉日的第二天。世上多了許多新小孩，而他們部分大都被誤解為自閉者，由於「新小孩」這名詞較偏向新時代、超自然、we-won-won，主流醫學界是不會、也不能認同、承認。文字上我說得輕鬆、平淡，因過了很久，但當時我內心是很激動、很震撼、很大壓力的。我第一句說出來：「嘩………嘩…………洗唔洗玩咁大呀……」。我一瞬間突然就明白我過去的一切經歷、遭遇及知識是有意思及一切需要的資源都已在及有，都是為著安排、裝備去實踐這使命、任務的工作，計劃像一早已安排好了。我不知從哪裡在網上「獲得」一首歌：Whitney Houston的《The Greatest Love of All》。這首歌是完全代表我們「新小孩」的心聽，我是忍不住有點流睻。（我要稍提一提，以下我的行為我已忘記了次序是在發現我第一使命時做，還是其後我發現我第二個使命時做）我想向上面的高靈作出一個感謝，我站起來，雙手垂直，頭水平，閉目，微聲：「我呼叫……」此刻，我的手機電話突然響起，來電不知是誰（號碼不在電話薄內），窗外有鋼琴聖詩聲，我意會是calling（呼招）。我之前不覺我附近有鄰居玩鋼琴，我之後數星期刻意留意再有沒有

鋼琴聲。之後是有一、二次有人玩鋼琴聲，但再之後沒有聽過有人玩鋼琴聲直到現在。所以當時我一開始祈禱，突然有鋼琴聖詩聲＋電話同時響起，有沒有那麼巧合呀！^{（註21.3）}

註21.3我從來不祈禱，我沒有宗教，我不是信徒，直至現在依然不是。但當時那是我唯一直覺可回謝上面的方法，而日後我有需要，我也會用這其一方法溝通。

　　這是我生平第一次最激動、震撼我。事件還未完，事件繼續下去，第二次就是我發現我和他是雙生火焰。完整的蛻變是包含這兩次或分為這兩次階段。

第二十二章

我發現雙生火焰

　　2017年5月27日，那天第一件奇怪的事發生了，我感覺到我腦內有一個思想（都是我自己的）要我回應他（意指我那個朋友——即後期之後才發現是我的雙生火焰及悟空）。那不是畫面、不是聲音，是思想、是一個想法。我舉個較易明白的具體比喻：像我的右手自動舉起推向我的左手移向他。左、右手＝我的思想，好似是我想，但我明明好清楚我沒有主動舉起右手，是右手自動自己舉起及推向我的左手。這思想、想法、現象頗算是清晰、有力推向、重複，我沒有半點恐懼，我對於we-won-won（意離地）的東西已見怪不怪，我感覺我應該要做，於是我電郵回應他我當時的心情。

　　我了解他是一個較著重自己的人，我認為他的性格及想法比較傾向愛自己（愛小我）、企高、不喜妥協，所以我的性格及想法會比較傾向著重顧及大圍、大眾、跍低、配合。所以從我角度，我認為他集中做利益於自己都是好事，成功率也大於顧及大圍（大我）、別人。雖然他令我心情很不快及很憤怒（在當時），但我用電郵回應裡仍祝他個人早日成道、開悟，是較容易比起一同為大圍、大眾成道、開悟，而且他個人的成功也是值得感動、喜悅的事。我當時寫這封電郵是以當時從我的感受寫出來，我並沒有考究、分析、會意到從他的角度看。但寄出了之後，事後我從他的角度看這封電郵，才發覺原來他

會覺得／會意／理解這意思是我們不再一起同行、不friend、分開發展。

　　很奇怪，我當時在電郵裡用「悟空」來稱呼他的，有好多時侯是我的潛意識「浮上面」驅使我去做某些東西，但做的時侯是像表意識，因「浮上面了」。像以前我寫下一些洞見，事後有時看回我寫的東西怎麼寫得那麼好呢？好似不是我寫的。

　　但電郵已寄出了，電郵完，回應了，便放低了件事，做其它東西。但2小時後，第二件奇怪的事又發生了，我內心莫明奇怪地掛念他，又一次我很清楚不是我主動要想念、掛念他，而是我內心自動去想念起、掛念起他。我心諗：「為什麼會這樣呢？」那一刻，我不知是內心還是頭腦一瞬間「想」到：「靈魂伴侶」。我誤以為這答案是真的我自己「想」到。於是我很快又立即心諗：「我又不是同性戀，不會是靈魂伴侶啦！（我當時還以為靈魂伴侶意解作一定是一對戀人、情侶。我還未知道靈魂伴侶原來都可以是同性別的朋友、親人等等任何關係的人。）」那一刻，同樣又再一次很快「想」到（好似自己回應自己）：「雙生火焰」。我沒說出聲地立即反應愕然：「噢……什麼是雙生火焰呢？噢……噢……雙生火焰是什麼呢？」我驚訝、發呆、oh my god，我即刻在想：「我無聽過這詞語喎！」又自己心問：「我真的有見過、聽過這詞語嗎？」但在我記憶及意識裡我完全沒有這個印象，我都不知道是什麼，印象及記憶中連聽都未聽過，但又何來我自己會「想」起這詞語呢？很奇怪，但不知道的東西就當然就是用網上百科全書-google.com去搜尋這關鍵字。一查之下，

「啊……晤……原來是這意思。」意思是請看回上面〈何謂雙生火焰？〉章節。事後我思慮過，應該是我的心、或內在內置、或是我的潛意識已內藏許多答案、或高靈透過我的潛意識或思想告訴我。只不過連我也不知，也不曾會去問自己的內在。我不是潛意識的專家，這題目可深奧到接觸外星高靈。根據Ms. Dolores Canon的一系列《迴旋宇宙》的書籍說，她是爲她的客戶，透過用她獨創的催眠方法、技術去到比潛意識更深入，到達超意識，接觸外星高靈告訴她許多有關宇宙、外星及地球的訊息及更大的眞相，她將催眠時與外星高靈透過客戶的對話錄音編輯成《迴旋宇宙》的系列書籍。她的書籍及演講被翻譯成多國文字。我看過她部分的書籍，非常「正」、珍貴，但大部分世俗人又怎會懂欣賞呢！我認爲她的貢獻很大，我不得不讚她的使命、任務做得很好。

言歸當我所謂「想」到或發現到或收到「雙生火焰」這答案或訊息，我第一個考驗來了，我有懷疑是否自己幻想多了，及是否是眞的。我與他剛相反，他很有自信，他很堅持相信自己的想法、意見、一套。我不是一個自大、自以爲是的人，我想向外找懂channelling通上高靈的人求證，但我知現實雙生火焰是很罕有、冷門，普遍不會有通高靈人仕能做得到，而我也找不到。我感到我不能延緩這件事，於是我要靠我自己決定，是否相信自己（自信與自大的差別是一個很好的題目，網上可自行搜尋資料）及用我們過去多年的互相了解、認識、個性、經歷作參考。我相信我們是的。而且「雙生火焰」解釋到令我明白爲什麼他的某些部分跟我的不同或相反。雖然我們是不同或相反，但卻又出奇地感覺我們又好似同一類人、看得懂

第四部分
我和悟空，及我如何醒覺、蛻變

大家。

基於：

1.「巧合」我們的性格、想法、意識、強弱項、喜好、經歷；

2.「巧合」我的使命是協助下一代的新小孩成長，以過來人的身分，分享究竟這世界發生什麼事及如何自處；

3.「巧合」我們是雙生火焰；及

4.「巧合」我平時無意中會向他提及他的性格好似孫悟空。

當一件事可能是巧合，但當四個巧合及之前所有東西加起來，我就得出一個發現，那不是巧合，是刻意按排。我發現、醒覺、知道、肯定我今生是飾演某一個非常著名故事裡一個非常特殊角色身分。原來那故事不是虛構，是有意思、有意義的、是存在這些角色人物。

以下是我的邏輯推理思維的醒覺蛻變圖：

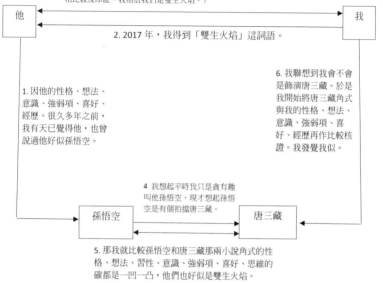

3. 於是我以我的性格、想法、意識、強弱項、喜好、經歷再作自我核證。
（基於我已相信他一段日子，我知道他的爲人、性格、習性、喜好、思維等等，所以我可以基於我熟識他過去的資料，同時加上我對我自己的了解去互相比較及印証。我相信我們是雙生火焰。）

他 ← → 我

2. 2017 年，我得到「雙生火焰」這詞語。

1. 因他的性格、想法、意識、強弱項、喜好、經歷。很久多年之前，我有天已覺得他，也曾說過他好似孫悟空。

6. 我聯想到我會不會是飾演唐三藏。於是我開始將唐三藏角式與我的性格、想法、意識、強弱項、喜好、經歷再作比較核證。我發覺我似。

4. 我想起平時我只是貪有趣叫他孫悟空，現才想起孫悟空是有個拍擋唐三藏。

孫悟空 ← → 唐三藏

5. 那我就比較孫悟空和唐三藏那兩小說角式的性格、想法、習性、意識、強弱項、喜好、思維的確都是一凹一凸，他們也好似是雙生火焰。

7. 那我就知道在故事裡的孫悟空和唐三藏原來也是雙生火焰。那故事原來不是虛構小說那麼簡單。

8. 同時間，當我承認我是真的飾演唐三藏之後，我也就知道唐三藏的任務就是我投生來到這人世間的理由、目的、任務、使命。而我也符合這角式所需的條件。這突然喚醒我沉睡已久的無條件的愛。我突然「返來」（那是一種震憾）。我好像突然明白一切，我覺得身邊一切是有意思，靈感突然從四方八面漂進來。

1. **他似孫悟空**：因他的性格、想法、意識、強弱項、喜好、經歷。很久多年之前，我有天已覺得他，也曾說過他好似孫悟空。

2. 2017年，**我得到「雙生火焰」這詞語**。

3. **我相信我們是雙生火焰**：於是我以我的性格、想法、意識、強弱項、喜好、經歷再作自我核證。（基於我已相

識他一段日子，我知道他的爲人、性格、習性、喜好、思維等等，所以我可以基於我熟識他過去的資料，同時加上我對我自己的了解去互相比較及印證。我相信我們是雙生火焰。）

4. **孫悟空是有個拍擋唐三藏**：我想起平時我只是貪有趣叫他孫悟空，現才想起孫悟空是有個拍擋唐三藏。

5. **他們也似是雙生火焰**：那我就比較孫悟空和唐三藏那兩小說角色的性格、想法、習性、意識、強弱項、喜好、思維的確都是一凹一凸，他們也好似是雙生火焰。

6. **我似唐三藏**：我聯想到我會不會是飾演唐三藏。於是我開始將唐三藏角色與我的性格、想法、意識、強弱項、喜好、經歷再作比較核證。我發覺我似。

7. 那我就知道在故事裡的**孫悟空和唐三藏原來也是雙生火焰**。那故事原來不是虛構小說那麼簡單。

8. **我飾演唐三藏這角色**：同時間，當我承認我是眞的飾演唐三藏之後，我也就知道唐三藏的任務就是我投生來到這人世間的理由、目的、任務、使命。而我也符合這角色所需的條件。這突然喚醒我沉睡已久的無條件的愛。我突然「返來」（那是一種震憾）。我好像突然明白一切，我覺得身邊一切是有意思，靈感突然從四方八面漂進來。

又或者用以下圖、用另一宏觀點解度去看我的邏輯推理蛻變：

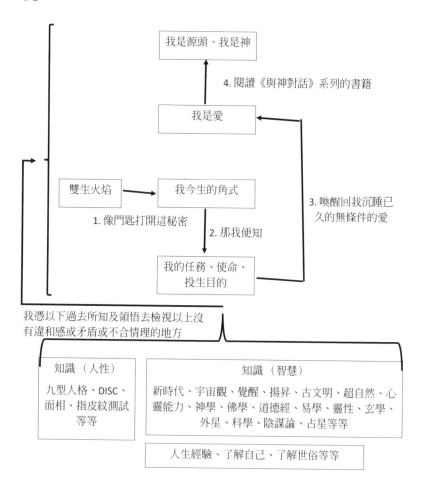

雙生火焰是一靈兩體，是一陰一陽，他們的出現就是要協助地球揚昇到五次元烏托邦的世界。而《西遊記》裡的孫悟空及唐三藏的性格也是一陰一陽，他們取西經導眾生也是拯救世人。所以，我可以知道《西遊記》這本所謂「小說」其實並非

完全老作、虛構，它最起碼寓意一對雙生火焰——悟空與三藏——去拯救世人、世界的故事。而「巧合」又因我們的性格、想法、意識、喜好而聯想起悟空及三藏，而「巧合」我的使命是協助下一代的新小孩，待將來長大後，再由他們協助繼續揚昇地球成為烏托邦的使命、任務。當一件事可能是巧合，但當加上了之前我眾多的「巧合」起來，都是指向同一方向，那就不是巧合，是刻意按排。於是，我同意、認同我就是飾演現代真人版的唐三藏。

這是我人生第二次震驚，我oh my god了好多次，我又「嘩……嘩……嘩……」了好多次，我估都估不到我會是這樣——飾演現代版的唐三藏，我從來沒想過。我知道我們是飾演特殊角色，那就知道我們的任務。根據特殊角色的劇本，兩人必須一起才能拯救到世人。這並不是單單是自己的事，是牽涉、涉及為了整個世界人類大圍的大事件。

It is too big！那是太大了！我當場90度角彎了身，我的背脊感到很重壓力，我要扶著床架，否則我站不穩，我只想跪低、趴低。

我明白、了解到：我有，他就沒有。我多，他自然就少。相反亦然。我無法去責怪他，因他很難做到像我，正如我也很難做到像他一樣的道理。

在公，我必須要無條件愛他，否則拯救不到世人，而我也實在擔當不起這個那麼重要的project（項目）因為我一個人

的原因，而死在我手上面。我死後返到上面，即使無天使責怪我，我都不知道怎交代及對得住他們。而且我們之前所受的就白受了、前功盡棄、白來地球一趟。

在私，妨且有什麼更無條件愛我的另一半自己呢？你會不會將左邊或右邊身切掉？即使你那邊身是癱，即使你那隻手做錯了什麼事，即使連一隻沒多用途的腳指尾你也不願切掉，你只想盡可能治療好他，保持完整、完好無缺。

能被早已按排擔當這角色、身分，及被委予此重大任務，此人必然有無條件的愛，這是其一條件。否則若一個沒無條件的愛的人去做，就似乎唔啱數（意不合理）。我是以抽身／抽離的角度看此事。

於是我知道我有無條件的愛，我開始明白我過去一些行為表現、反應就是潛藏不自覺的無條件的愛的表現。然後我承認我有無條件的愛及I am so great（我是如此偉大），我是如此榮幸。那刻我頓然感受到我是完美、卓越、偉大、充滿愛。我不是有，我感知我直呈就是愛。我頓然領悟到：**你根本無須要刻意做任何事去爭取別人給你更多的愛，別人無論怎樣不喜歡你，也不能奪走你身上的愛，除非是只有你能親自丟掉你自己身上的愛。**那刻我很感動、榮幸、神聖。越接近神聖，越像明白、了解神都是這樣。

意識蛻變，自己自動會知道怎繼續走我餘下的人生。

由我第一封電郵回應他，發現雙生火焰，相信我們是的，再無條件地愛悟空（現在我可以用「悟空」來代替「他」了），我大慨只是用了3~5天經歷了這臨門的一課：懷疑、信任、諒解、大愛、無條件的愛的考驗及體驗。過程中每一、二天我都很自然會寄出一、二封電郵給悟空去表達我的感受、我對悟空的感受、領悟及轉變／蛻變。很奇怪，我所給悟空的每一封電郵是完全沒有計劃編排怎寫，我每次是憑感覺、靈感、思維要告訴他什麼才知要寫什麼，寫完一封，才知下一封要寫什麼。奇怪在於，當我從他的角度看回我寫的電郵，他是以線性順序去理解整件事的發生過程。那是什麼意思呢？即我收到一個非常濃縮的訊息答案——雙生火焰，它在我的意識裡爆開，就像big bang，然後我將爆開後的感受、靈感或思維逐步告訴給悟空，悟空理解以為我的訊息是上天有時間性前後一步一步傳遞給他。當悟空見證我整個轉變／蛻變過程，他同時在遠處另一邊都知道自己要蛻變。悟空同樣會要正經歷一樣或不一樣的大考驗才能突破、提昇、蛻變。悟空會明白自己做錯什麼、欠缺什麼、學到什麼、真理是什麼。雙生火焰的結合現實還很少，因有些沒遇到，遇到但又不知，知但又不合，不合原因是某一方或雙方的內在控制、執著、小把戲、規條、懷疑、面子、批判、罪惡感、慚愧、恐懼、憂慮、珠如此類等等無謂問題，都是歸納於靈性大我未夠，世俗小我問題太多。雙方沉在底蘊的污漬，收藏在地毯下的所有小我問題都會自動完全浮現出來，自己再不能騙自己，這就是臨門的一課。雙生火焰是包括結合治療（意指互相治療意識），但不限於。

　　到第8天，我已邀約悟空出來開會傾談使命、任務、計

劃。我電郵告訴悟空我們是雙生火焰及我們的投生來到地球的使命，我鼓勵他一起去幫助世人。地球、世人、三藏都需要悟空，但悟空一直沒有回應。事後我發覺其實悟空一早已經知道我們是雙生火焰許多年了，但他從沒有告訴過我知，而我的做法卻是相反。當我知道後，我差不多立即很快便告訴他了。

「無條件的愛」、「大圍的愛」是做這使命、任務的首要主幹核心條件。三藏主擁有烏托邦世界的無條件的愛、智慧、離地、出世，悟空主懂世俗的人情世故、遊戲規則、聰明、貼地、入世。所以要悟空蛻變到明懂、覺醒到離地的大我的無條件的愛、大圍的愛是較困難。我認為悟空已經非常盡力做得很好了。他在世俗擁有的東西較多，要負擔、顧慮的東西也較多；他過去玩得世俗的遊戲較成功，他也較難放棄執著舊有世俗的一套信念；而再加上使命、任務又太大重擔、壓力，他不敢罔顧而作出超越自己能力範圍以外所做的承諾。況且所有策劃、設計、構思、開頭（包括這本書）都是要落在我一人身上，我做不到帶頭，他更加做不到什麼。還有……（其他雜項）……。

悟空曾教過：1. No Excuse（無藉口），不要找做不到的任何藉口。2. 知而不行，等於不知。3. 凡事都要勇於嘗試，不要害怕當中的挑戰。雖然不一定成功，但假如不去嘗試，就注定失敗。4. 信念並非指單一目標或理想，而是能推動實際行動和持之以行的一股力量。大部分人未能成功，是因為他們的信念不夠強，意志不夠堅定，以致自信不足，勇氣不夠，限制了自我潛能的發揮。

我們抱著大聖教誨，等著大聖歸來。我知道我們是雙生火焰這答案／真相後，那解釋了為什麼他不能謙卑，因謙卑的能力都去了我處。同樣我也不能怪他不能無條件分享，因無條件的愛、對大圍的愛都去了我處。我有，他自然就無；我多，他自然就少。他所做的錯、不對，如我是他，我是否又能保證我會做得比他好呢？或許都是一樣，或許更差。更重要的是我們是一個，他是另一半的我。無論悟空做錯過什麼事、怎選擇、決定、如何、選擇幫不幫助世人都好，我三藏都是無條件愛悟空。所以，他不夠的，我無條件分享我有的給他。悟空自有他的功課要做、自有他的關口要過、自有他的考驗、自有他的成長、自有他的成熟（這與年齡無關，是與意識有關）。自古到今，世人都是喜歡、欣賞悟空多過三藏許多，在現實真人版生活裡也是一樣，悟空你又會去幫助、回謝世人嗎？

　　世上任何決定或不決定、做與不做、選擇與不選擇，都是出於兩種情緒，若不是出於：一、愛；就是出於：二、恐懼。真英雄不是你殺掉多少敵人，攻陷多少個城市，爭取多少領土，擁有多少富可敵國的財產、名譽、地位、權力、科技、武器、資源；而是你能拯救到多少生命，治療到多少人的意識，可以分享／給予到多少有困難的人（註：不涉及交換條件），令大家共同整體全部成為烏托邦。你還記得二千多年前，誰最有錢、最有權嗎？誰還會記得呢？關你什麼事呢？幫到你什麼呢？你會歌頌他／她嗎？你會愛他／她嗎？但全世界直到今天都還會記得及愛耶穌、佛陀、老子、德蘭修女，而且將來也會。因為他們主是真理、真相、智慧及無條件的愛的代表，但他們在生時卻都不是高高在上管治地球世界，而是很卑微在

下。他們無一個人讚成用名利權來管治地球世界。真正好、善良、和平、有愛心的人都不善於和人爭駁、爭鬥，所以往往反成下靶。所以我比喻地球人是將天使趕走、打死，推舉、崇拜魔鬼做王，結果最終有一天又是攬炒（意一起滅亡）。

地球人當作天使是傻仔、傻女。當作魔鬼是聰明、成功人仕。天使以大局的所有每人的無條件的快樂為重。魔鬼以自己及有條件的名利權為重。有條件你給我A，我給你B交換、交易，看似很合理、很正常、很公平。無條件不是不公平，而是你的雙腳會不會跟你的的雙手說：「我今天走了整天，你整天沒東西拿，明天就由你倒立走一天才是公平。」又或你的雙手會不會互相商討說：「右手一三五拿東西，左手二四六拿東西，星期日大家都不拿。」你會不會跟你自己的手腳談條件、簽合同、計較、計算呢？真相是你和她／他／祂／牠／它都是同一個大我、一體。有條件的公平是一種計較、計算，無條件的公平是一種互補所需、互補不足、以有補無、以多補少。

隨後，我也漸漸發覺我和悟空的角色對換了，我開始經歷他過去的感受，例如：勇氣、信心、果斷、領導、毅力、剛強、獨當一面、發揮優點、理想、積極、進取、堅持、堅定；而他同樣都是，例如：隨心、隨緣、平淡、平凡、平靜、低調、謙卑、善良、柔順、忍耐、遵從、配合、禮讓、公平、公正、平等。我認為這或許是計劃預先設定要我們：一來是互相親身感受兩種角色的觀點與角度，及二來是將我們各自的性格平衡，剛柔並重，結合治療。

悟空過去的情況其實也代表了世俗許多成功的名利權人士，他們被社會給面子，被公認高高在上，被羨慕，被崇拜，被成為學習、模仿對象，好享受，衣食住行都是高級貨。現在要他們明懂、覺醒相反的真理：講無條件的愛、大愛、平等、公平、公正、以多補少、以無補有，對他們來說是一下子掃掉所有擁有物、信念、像扁為庶民，他們的一直所依靠的面子及自尊心便一下子脆弱地崩潰。因他們的面子、自尊心、尊重及愛全基於辛苦得來的名利權上。這就是背後邪惡勢力／力量從古到今N世紀以來一直作怪，不想讓世人知道自己根本、本來就是「無條件的愛」、完美、卓越、偉大這真理、真相。因若你不知道、明白這真理、真相，他們便可製造許多象徵名利權的所謂「更高貴層次」的享受，讓你不斷拼命地追求。如你現先幻想自己就是「無條件的愛」、完美、卓越、偉大，那你還需要其他外來的獎盃、獎狀等等外來物來肯定自己嗎？還需要其他外來的制度去批判自己嗎？背後邪惡勢力／力量蒙騙了整個世界、社會N世紀以用名利權導向的文明、文化成為主流，世俗人則一代一代跟足N世紀。人投生來到世界是享受人生，享受自己喜歡的人事物，而不是忘掉自己的「無條件的愛」，辛勤地為著外來物工作（以為努力賺錢是好的、對的、應該的，邪惡勢力／力量是在勞役人類），一生在玩遊戲規則。除非你喜歡一世或多生多世輪迴都喜歡選擇玩這遊戲。地球人類著重現實、物質，但忽略靈性、精神。前者看似很實在，後者看似很虛浮。事實上，現實、物質是虛假、幻象。靈性、精神反而是真實、真相。註：佛陀早已說：一切皆為虛幻。出自《金剛經》（一本講智慧的書）：凡所有相，皆是虛妄；一切有為法，如夢幻泡影，如露亦如電，當作如是觀。

基於時代不同，古代沒有Internet互聯網，西經不多，難傳播、宣揚，取西經要攀山涉水。現代版的西經已有許多（雖然我說現代版《西經》是《與神對話》系列的書籍，但其實好的靈性或真相的書籍是有許多的），都放到互聯網上、書店上，但看的人及明的人比例上（percentage）還是很少，傳播、宣揚、解釋、教育、治療癌細胞的意識的工作仍是需要做的。現代版的《西經》可瀏覽：WesternScriptures.com。

因悟空即是三藏，三藏即是悟空，一靈兩體，無論悟空自己怎樣決定或有幾多錯，我都是無條件地愛悟空。有什麼更無條件地愛得過你另一半的自己呢？舉一反三，無限伸延，實則世上每一個生命及東西都是我的本來大我的其中一面，你、我、他／她／牠／祂／它合起來就是一個大我／大靈魂。雙生火焰（或又稱雙生靈魂）只是一個大我／大靈魂的分支，是一個縮影而已。所以在靈魂層面，我無條件地愛大我自己，也即同時無條件地愛你，我無條件地愛你，也同時無條件地愛大我自己。只不過雙生火焰是靈魂中最近，較易互相感受到倆個之間的無條件的愛。

對我來說，雙生火焰像一條引擎鑰匙、一塊puzzle。每一塊puzzle拼圖就是某一範疇，即：源頭、靈性、新時代、外星人、外星文明、宇宙觀、陰謀論、邪惡勢力／力量、覺醒、揚昇、古文明、超自然、心靈能力、神學、佛學、道德經、玄學、易學、卜卦等等。所有拼圖互相有關係、牽連，有些更大更多更真的東西在我們之上及背後，就像人要向螞蟻解釋這世界有人類、汽車、八大行星、太陽系、銀河一樣。大部分螞蟻

不會關注、也不明、所以也就不信。但那些是非常重要（在某些先進文明星球是基本學校教育），是因地球人現不快樂、很痛苦或很忍得痛苦、有許多不同大小問題發生。微觀只看你自己一人一生可能不覺，對你自己沒多大影響，但宏觀整體看全球人類未來長期，這世界步向死亡中。而以上的拼圖範籌是多麼重要，因是宏觀的事、是大圍的事，大家要有個整體真相的 common sense（基本共識、知識）。「雙生火焰」拼圖一放進去，連貫整幅圖案，引發起我被世俗活埋、沉睡已久的無條件的愛（Unconditional Love，簡稱：UL），UL重新被激活、甦醒，使我覺醒，打通任督二脈，恢復我本來、本質、原本、根本就是UL。沒有無條件的愛是不會被早已選定去做，我直呈本身就是無條件的愛。我頓時覺醒：actually, we, everyone is perfect, excellent, great and full of love, but just we may not know our ownself.其實我們、每人就是完美、卓越、偉大及充滿愛，只不過我們或許不知道自己是。世上無一不是愛，單只是存在已是。所以你根本無須要刻意做任何事去爭取別人給你更多的愛，別人無論怎樣不喜歡你、奚落你、歧視你、排斥你，也不能奪走你身上的愛，除非是只有你能親自丟掉你自己身上的愛。神從來沒想要人受苦，而是人製造苦給自己。世間上所有東西根本就是愛，是給予享受、玩耍、快樂。人是應該來體驗享受創造物、享受這世界。快樂本來就是一件很簡單、很容易的事，只不過是社會的文明、文化、大家的共同意識將愛完全壓下去。問題是世俗的錯誤、有病、未醒的意識將人、整個社會壓倒、變成、分化有無價值。有價值的被讚、被愛，無價值的被棄置、不被愛，這是癌細胞的意識。只是各有不同的天賦、用途、價值。以上深色字是我

當時當下那刻的覺醒、頓悟、感受、體驗、領會、領悟得最深刻。跟著之後的數星期我漸漸感受到我是幸運的，我是榮幸的，我是充滿愛的。註：以上**深色字**，雖然我有時用單數，但我指的是你們、我們、大家，因為如果只有一個或數個細胞是健康，而大部分仍都是癌細胞，那是沒用，都是要死。你們、我們、大家都要整體共同大部分的細胞變了健康，才有機會痊癒。

有首歌就在此其間出現，我也忘了怎樣會在網上「獲得」，這首歌是：謝霆鋒及廿四味的《愛最大》。這首歌是像寫給我的，它代表了我。其後陸陸續續有許多歌曲、音樂都是這樣隨意隨著我及悟空的心聲、情況而「漂」進來。

歌曲、音樂都放到：

monkeykingandtangmonk.com/monkeyking/

monkeykingandtangmonk.com/tangmonk/

twinflames.cc/

我節錄《與神對話全集1上冊p.76》：

神：愛是終極的真實（reality）。它是唯一的、所有的真實。愛的感受是你對神的體驗。

以最高的真理而言，愛是所有的一切，所曾有的和將有的一切。當你進入了絕對裡，你就進入了愛裡。

我節錄《與神對話全集1上冊p.106~p.109》：

第四部分
我和悟空，及我如何醒覺、蛻變

神：靈魂追求的是——你所能想象的對愛的最高感受。這是靈魂的願望。這是它的目的。靈魂是在追求那種感受。並非知識而是感受。它已然有那知識，但知識是概念性的。感受是經驗性的。靈魂想要感受它自己，在它自己的經驗裡認識自己。

最高的感受是，體驗到與「一切萬有」的合一。這是靈魂所渴望的偉大的回歸真理。這是「完美的愛」的感受。

就感受而言，完美的愛就像是色彩中的白色一樣。許多人以為白色是沒有色彩的。不是的，白色涵括了所有的色彩。白色是其他每個存在的色彩合在一起。

所以，同樣的，愛並非情緒（恨、憤怒、情欲、嫉妒、貪婪）的不在，卻是所有感受的總和。它是總額。是集合起的總和。是每一樣東西。

因此，靈魂若要體驗完美的愛，它必須體驗每一樣人類的感受。

對於我不瞭解的東西，我如何能有同情呢？我如何能寬恕別人的感受，如果我自己從來沒有那種經驗？所以我們看到了靈魂之旅的單純及可畏的兩面。我們終於瞭解它想要做什麼：

人類靈魂的目的，就是去經驗所有一切——因而它能夠是所有一切。

如果它從沒處於下，它如何能處於上？如果它沒在左邊，它如何能在右邊？如果它不認識冷，它如何是溫暖的？如果它否認惡，它如何能認識善？很顯然，如果沒有可供選擇的東西，它如何能選擇作任何東西？若要靈魂去體驗它的偉大，它必須明白偉大是什麼。如果除了偉大之外沒有別的，它便無法做到這一點。所以，靈魂了悟到，偉大只能存在於不偉大的空

間裡。因此，靈魂從不譴責那不偉大的東西，卻只祝福——在其內看到它自己的一部分，這部分為了讓自己的另一部分凸顯而必須存在。

當然，靈魂的工作是讓我們選擇那偉大——選擇你能是的最好的你——而不去譴責你沒選擇的部分。

這是一件需要許多生來完成的重任，因為你們習慣於很快地下判斷，稱一件事為「錯誤」或「壞的」或「不足」，而非祝福你那未曾選擇的東西。

你們還不只去譴責——事實上你們試圖去傷害你們未曾選擇的東西。你試圖去毀滅它。如果有你不贊同的人、事、物，你便攻擊它。如果有與你的宗教不同的宗教，你便說它是錯的。如果有與你的思維矛盾的想法，你便恥笑它。如果有與你不同的想法，你便排斥它。你這樣做就不對了，因為你只創造了半個宇宙。而當你輕率的排斥了另一半的宇宙時，你甚至無法瞭解你這一半。

尼：所有這一切都非常深奧——但我謝謝你。從來沒有人跟我說這些事情。至少，沒說得這樣言簡意賅。並且我是在試圖瞭解。真的我是。然而，這些東西有的很難理解。舉例來說，你仿佛是說，我們應該愛「錯」，以便能瞭解「對」。你的意思是說我們必須擁抱魔鬼嗎？

神：否則你又怎麼治癒他？當然，並沒有一個真的魔鬼存在——但我以你所選擇的用語來答復你。

治癒是接受一切，然後選擇最好的一個過程。你瞭解嗎？如果你沒有別的選擇，你無法選擇去做神。

尼：嘿！等一下！誰又說過選擇做神的話了？

神：最高的感受是完美的愛，不是嗎？

尼：是的，我覺得該是的。

神：那你能找到對神的一個更好的形容嗎？

尼：不，我不能。

神：可是，你的靈魂尋求那最高的感受。它尋求去體驗——去做——完美的愛。

靈魂即完美的愛——它知道這一點。然而靈魂希望不只是知道。它希望去經驗與實踐。

當然你在尋求做神！否則你認為你在打什麼主意呢？

有許多信念是根深蒂固，例如：人要辛苦努力工作才有成就。事實你們每人本來可以好輕鬆快樂自在、自由去做、享受你喜歡的東西，只要大家共同都是無條件的愛，有一個無條件的愛的社會、世界（即烏托邦）就可以了，是一件很簡單的事。但因現在世界社會變了有條件的愛（Conditional Love，簡稱：CL）或無愛（No Love，簡稱：NL），所以你們每人就要變得很辛苦了。

跟著其後的數個月間，我的意識變得較敏感，我的靈感、訊息像從四方八面內外「漂」來、進入。我所指的靈感、訊息

意是我當下好明白無條件的愛是最偉大，UL像一個放大器、加強器，UL不但加強我的使命，還擴大了我可以做到的可能性更多。我們投身來到地球，用食飯作比喻說，一開幾味：

1. 我既是新小孩的過來人身分，幫助回新小孩，剖析新小孩的天賦所帶來的世界改變。
2. 我既是雙生火焰的過來人身分，幫助世人明白真正的無條件的愛。
3. 我既是唐三藏的角色，幫助世人、導眾生看破癌細胞的意識、明白真理／真相、恢復烏托邦的世界。

大部分世俗人會認為世界現實是正常，之不過想更進步邁向烏托邦的世界。我認為烏托邦的世界才是正常，之不過現實的世界是downgraded（降級）了為不正常，所以只是恢復本來正常的烏托邦世界的面貌。

人類世界有3大東西完全被downgrade了，以致全球好麻煩、好大禍，但你們視之為、以為是「正常」。

1. 金錢使由無條件變為有條件。將金錢代替了真愛。

2. 由著重精神變為著重物質。

3. 由心靈感應變為語言溝通。

以上3樣東西是所有真懂真理、真相的人最基本都知道、

明懂的事。

要恢復、治療回健康、原貌，像覆水難收，變壞要3天有剩，變好要3千億年都不知可不可以。原因：

1. 絕大部分世俗人不明懂，醒覺能力、智慧未去到。

2. 主流不旦不鼓勵眞理、眞相，反抗拒、打壓。

3. 名利權的人不會想矯正。現實的「成功人仕」、或「名、利、權」頂層或越多的人所受到別人的尊重、崇拜、模仿、學習、欣賞、稱讚、喜歡等等（這些簡單歸納稱爲：愛），是因、由於、基於從許多名譽、金錢、權力而得來。如現在你說擁有「名、利、權」不再被稱爲、公認、定義爲「成功人仕」，及被另一種新的「互補、品格、眞相」的社會模式定義爲「成功」，這意味著他們現正所擁有的受人尊重、崇拜、模仿、學習、欣賞、稱讚、喜歡等等（這些簡單歸納稱爲：愛）便消失了，喪失所有擁有物，突然感到由高跌落低，由貴族變了平民，所以他們是不會喜歡讓這些事發生。

4. 背後邪惡勢力／力量更加再落重藥、落重手。

第二十三章

人生方向、目的、使命、任務

　　在我未知真相、真理、我的人生方向、目的、使命、任務、蛻變之前，我幾乎差不多有關能了解自己的東西都走去接觸、或學習、或付錢給人去解讀自己。包括：

- 紫微斗數
- 八字
- 面／相掌相
- 占卜／塔羅
- 占星（西方命理）
- 潛意識心靈卡（Oh card）
- 指皮紋測試
- Mensa國際IQ測試
- 九型人格（Enneagram）
- 四型人格（DISC）
- 16型人格（MBTI）
- 能量測試（Aura color test）
- 阿卡西記錄（Akashic records）
- DNA 測試性格、潛能（這個我沒做到，但我是有興趣做）
- 許多等等其他（我已忘記了）

能通上高靈、守護天使的人在華人裡不算多，西方人較多一點。但最厲害一次，我曾見過一個外籍靈性師，一個大約6人課程簡介會，當我們逐一到場，其實她已靜靜地通上高靈或找我們每人akashic records（阿卡西記錄），所以她能說出我們這班人的使命、任務。我認為她是我見過之中最準確中重要點能說出我的使命、任務的人。在西方，通上高靈或找akashic records是很普通的事，但準確中重要點則較少。

　　我解釋一下什麼是勁的靈性師：

- 紫微斗數會講出我是傾向宗教、教育人。
- 占星會講出我是做大事的人。
- 指皮紋測試講出我的頭腦比正常人高出多1倍。
- Mensa國際IQ測試講出我是本地Top 2 %最高IQ的人。
- 能量測試講出我是靛藍人。
- 普通靈性師講出我的人生使命是靈性或身心靈方面的導師或相關工作。
- 那位外籍靈性師講出我是saving people。就只是講了兩個字「saving people」，她無問我任何資料，無須知我名子，就簡而精，中point。真正勁的人，就是無須問你任何資料，無須要問什麼，也無須要講太多，簡而精，就一語說中的。

　　我上過許多課堂，見過許多導師。我可以講，差的導師簡直一大堆。又要錢，又要面，驕傲，高高在上。我上過一個塔羅導師的課堂，她說要先問對方許多背景資料、問許多問題，

差不多想問出答案。原本是問事人去問塔羅師答案。要取得許多資料才得出一些表面的答案，是很差的塔羅導師，但支持她的學生卻算多。相反，那位外籍靈性師有很少學生。

以上學問或測試我仍非常推薦每人必修科，因它不但用來了解自己，也同時去了解別人。

學去了解別人及如何應對別人。我很推薦以下學問去看人，因以下你可憑觀察及感覺很快得知對方是一個怎樣的人，及學懂如何應對那些人。

· 九型人格（Enneagram）
· 面相／身相
· 四型人格（DISC）

人生使命——就是你為何要投生下來到此地球人世間的真正目的、原意，你如何使用你今生的命。

使命與賺錢是兩回事，工作賺錢的目的是維生。9成或以上的人一生都是在工作賺錢，但沒有做過任何他／她自己的使命，即白來、白過他／她的一生。他／她一生賺了一層樓或多層，但輸掉他／她原本整個偉大的一個人生，他／她放棄了原本宏大的快樂。相比之下，贏粒糖、輸間廠。

世上有九成或以上的人（即70幾億人，以2020年止）一生都是不知道為什麼要投生下來到此人世間。人不知道他／她自

己原來是偉大重要（The Great You Are），可以有間廠，但一生卻去為爭粒糖。

你和耶穌、佛陀、老子、德蘭修女、我這些偉人絕沒分別，一樣原本都是偉大，只不過你們不知道，主流不但不講，還打壓，鼓勵相反，你也沒去做自己偉大的事。

我不是說有層樓或多層樓是錯。只不過更重要的是你不能白白錯過及浪費了你的今世一生，也不能放棄成為一位偉人的機會。個人人生使命就是做回本來偉大的自己、做回本來你應做的、你喜歡的、擅長的、對你有意義的，但由於地球人類社會已被名利權主導、嚴重扭曲、教化、洗腦，由小孩直到老死，人變成像奴隸、影印機、傷人機器，因此應做不做，不應做就去做。外表快樂得像天使，內心失落得像魔鬼。

我不是說無夢想、無人生使命、無人生任務、無人生目的是錯。如果你是混混噩噩、隨波逐流地投生回來到這世界，那你一生沒夢想，混混噩噩、隨波逐流地過完一生，那你真的可以是沒問題。因你由頭到尾、由死到生、再由生到死都是一樣貫徹始終混混噩噩、隨波逐流。只不過如果原本你是有，但你以為無，那你就真的白白浪費了你的今世一生。

使命、任務有人早知、有人遲知、有人一出生就知、有人一生都不知、有人以為知、有人扮知、有人中間不斷搜索、改變。各人時機不同。**這是要靠你的感知、興趣、經驗、喜好、善長、強行、玄學方法、靈性方法等等各方面不斷摸索、cross** over及核證。我以上所有都有用過（除了DNA測試性格、潛能）。

第四部分
我和悟空，及我如何醒覺、蛻變

第二十四章
甲由師父

在覺醒的其後數個月間，我的意識變得較敏感，意我察覺身邊周圍有許多東西對我有特別意思。有一天，我在家裡坐在書台面前，突然感到有些不妥。所謂「不妥」好難形容，先是感到自己身上有些不妥，我心唸：「做乜嘢事呢？」我抬頭四圍周圍望，上下左右全屋望齊，我望屋內四周的感覺是與我平日看到的感覺，好肯定是有點不同，感到連環境都有些不妥，但不知發生什麼事，我心問自己：「是不是我頭暈眼花呢？」剎那間，我突然留意看到假天花半露了一隻小至中size（尺碼）淺菲色尖瘦形的甲由，我家之前是極少或可說沒有甲由，我不自覺地、自動地拿了殺蟲劑，噴了牠，牠死了。我突然開悟：「甲由都是生命，我是否有另一個處理方法呢？我以後應該用一個透明膠盒蓋著牠，然後放生牠到別處。」「放生」不是先捉一些原本活在海洋的魚，然後又再放回海洋裡去，像「救人」不是找人先刺你一刀，然後又再醫好你。真正「放生」是就像今次當在無人知道情況下，而即使人們知道，也認為理所當然可殺掉那甲由，也不會有人怪你，而你卻選擇讓牠生存。

何謂真偉大？何謂真無條件的愛？有些人會說父母對子女。過去許多新聞報導父母會虐待或殺害子女的事。**有血緣關係的人不一定有愛，有愛才算是親人。**「父母」這身分不等於就是偉大，不等於就是無條件的愛。甲由都可以是偉大，甲由

都可以是無條件的愛。我會說：「一個小如甲由的生命寧選在無人知的情況下犧牲自己，目的、動機是爲了導、救、利益另一大班三五識七及傷害自己的大如人類的生命著想。牠在教我何爲「眞放生」、何爲「眞無條件的愛」、何爲「眞尊重生命」。「眞尊重」是讓該生命有得自由選擇。這隻甲由比世上任何名利權的人更偉大。」世人，若你想成爲一位偉人（每人都可以好偉大）^(註24.1)，就要向甲由學習卑微。這種眞偉大、眞無條件的愛，邪惡勢力／力量會稱它爲「戇居」或「蠢」，其實就是叫你不要做眞偉大、不要眞無條件的愛、不要眞心。那麼世界永遠不會眞美好、眞和平，他們就得勝了。

註24.1：Anita Moorjani曾說你無須要像我患過癌症才懂得愛，正如我現在也向你說：「你無須要是飾演唐三藏這角色才懂得自己是偉大的（great）。」

　　事後，我感知這隻甲由是上面派來犧牲自己爲了引導我。其實當時應該是有位很高級的高靈來到我屋子裡「探」我，因我的意識在那刻有點提高（要靜才能感受到），牠在看看有什麼可訓導我。世人往往只看大路、大多數，但例外、漏洞往往顯現眞相、眞理。所以我當時緊記要在此書寫下來，我不想牠白白犧牲，牠的死是有價值的，這一隻甲由導了衆千萬、衆億人類。牠是我其一的師父。

　　順帶一提，意識提高時，我對任何都感到有特別意思。當靜、單獨、慢，會較易感到。意識提高是不易察覺，但當我之後找回工作，像返回世俗，意識很覺有明顯分別，變得不敏感，特別在吵、多人、忙時，我們都市人像行屍。

第五部分
地球人世間 VS.
烏托邦

第二十五章

名、利、權、有條件的世界

這地球人世間N世紀以來都是以「名、利、權、有條件」為大、對、正確、好、繁榮、上等、高等的指標、標準、準則、最大、最基礎的遊戲規則。「名利權、有條件」不是「大晒」或絕對，但它都大了9成幾以上，它是「接近大晒」，變成了主流及正常。當所有任何東西、界別（社福界、教育界、醫學界、法律界、科技界等等）建基於這最大、最基礎的遊戲規則上，凡事便都會著重、顧及「名利權、有條件」，你離不開這套遊戲規則，因全世界人公認、認同了、及正支持著。或許有些少數人不認同、支持，但又如何呢？又可以怎樣呢？沒法不跟。由你一出世，社會已是這樣，世俗現實也會教你這樣。如你要生存，你就要學懂「名利權、有條件」這套遊戲規則、文明、文化、習俗。你不懂ABC、123，也要懂賺錢，否則你可能要睡在街、拾別人吃剩的東西來吃。

香港是一個非常細小的地方，卻貴為亞洲金融經濟指數GDP方面據占高位置及地位，第38位（共185個地方）^{（註25.1）}，但人民社會快樂指數卻排得較後，第79位（共153個地方）^{（註25.2）}。剛剛相反。人不快樂，經濟起飛，那究竟有什麼意思呢？錢比你還重要。那是否真的叫成功呢？

註25.1：2020年世界GDP排名

http://www.8pu.com/gdp/ranking_2020.html

註25.2：World Happiness Report 2020（世界快樂報告2020）

https://happiness-report.s3.amazonaws.com/2020/WHR20.pdf

　　人民冗積埋藏在內心許久、許多的生活上、工作上、學業上、愛情上等等許多方面上的壓力、恐懼、痛苦、悲傷、傷痛、憤怒、冤屈、怨恨、失望、受傷、傷心等等許多情感上的負面及傷害。表面表現多正面、光輝、燦爛，實則實際內心已受到重傷、充滿負面。實則比表面更實際、重要。

　　「名」：即表示名銜越多、越出名就代表是好的、是對的、是可信的、是可靠的、是真理。

　　「利」：即表示如我沒收到利益、金錢、著數，我是不會無條件幫你或給予你的。

　　「權」：即表示話事、控制、決定，無須要依從別人的意願。你要跟我意願，但我無須要理會你的意願。

　　這種意識是歷史悠久、非常根深蒂固，由你一出世，上一代就開始教育、培育你這種意識、思想、信念、價值觀，視之為「正常」，也是社會主流共同認同、接受、默許、採用。但只是絕大部分人沒察覺、醒覺這所謂「正常」、「主流」、「對」的意識、遊戲規則對人道、人性長遠會造成極大傷害。

不公、不義、不自由、夾硬來的事從古到今幾千年來或幾萬年來在世界各地一直都存在著，每天一直都正在發生著，從未停止過。一切所有全球的問題的真正最源頭、最根本的問題是：**人類的意識共同認同、許可、支持、默許以「名、利、權」這最大遊戲規則定義為「成功」及「正常」的社會模式。**誰爭取得「名、利、權」最多、越多，我們稱他／她為之叫「成功人仕」。大家為著想「成功」或想成為「成功人仕」，大家的真正動機、目標、出發點都其實是為了為自己爭取更多「名、利、權」。

　　這N世紀以來所採用的這遊戲規則或社會模式產生大量問題、漏洞，藤挃瓜、瓜挃藤，連鎖及漣漪效應，因果循環，結果返回到大家各自身上。所有許多的生活上、工作上、學業上、愛情上等等許多方面上的壓力、恐懼、痛苦、悲傷、傷痛、憤怒、冤屈、怨恨、失望、受傷、傷心等等許多情感上的負面及傷害是大家共同做成給回大家自己，這是在慢性及間接自殺。

第二十六章
社會動盪、全球疫情

　　2019年香港發生社會動盪。愛恩斯坦說過一句名句：「Peace cannot be kept by Force, it can only be achieved by Understanding. 和平不能靠強迫維持，唯有明白可以。」你們世人雙方的意識都沒有真正得到治療、明白，用極端的手段、方法、強行或權力只會攬炒。如果我是源頭的神及要用一句說話、一個方法或一個手段去表達極端的愛及極端的暴力，那句話、方法會是：「世上只要有任何一個人及生命沒得到善待，整個地球都會被完全消滅，而死線將會是明天23分59秒。註：我是不會理會你們任何理由。」

　　正當人類被獅子、老虎、鯊魚、灰熊、鱷魚等等襲擊或吃掉時，你可以大條道理、理直氣壯、手拿聖方寶劍、持著正義徽章、光明口號，還擊報仇、殺回牠們、或「人道」毀滅。但你殺得多，還是牠們殺得多？雞、羊、豬、牛、魚等等能還手報仇嗎？世上哪種生物傷、殺或吃掉其牠生物最多呢？若以傷及殺為邪惡，那世上最邪惡的是誰呢？如果神真的要消滅最邪惡的物種，一早就會消滅了是誰先呢？但祂至今還沒這樣做，你認為為什麼呢？

　　好吃、營養、肚餓好似是好合理、理所當然、正常的理由，倒翻轉可以嗎？雙重標準、雙重處理、歪理當真理、藉

口。世人污染了地球、空氣、環境、傷害了許多人、動物、生命。神都從來未使用過任何暴力去消滅你們。神給世人真正完全最大的自由度，祂不會阻止窮凶極惡的殺人犯。世界之所以有此刻的現象、問題，是你們世人共同同意、支持、默許做成出來，然後共同承受回來各自人身上。如是因，如是果，自然發生。終極不是攬愛，就是攬炒，現在發展中。神不會阻止宇宙末日，但不代表祂不愛你，因原本、本來就沒有宇宙。即使宇宙不存在，愛也無法不存在，因愛就是神、神就是你、你就是一直存在、你無法不是愛、你無法不是你自己。你明不明？

社會動盪、全球疫情，人民希望恢復所謂「正常」的生活、社會模式，用恢復「依舊」的生活、社會模式會較貼切。就正正因為你們的依舊「名利權、有條件」的生活、社會模式、遊戲規則，所以才有今次的社會動盪及全球疫情。動盪及疫情以前有，現在有，然後我們再靜待下一次將會再有的來臨。因你們不知不覺（不知道也不醒覺）。

正當疫情令許多人沒收入、無錢、無飯開。即使這樣情況，你們仍沒想到用「無條件互補」來取代金錢。你們的世俗教人善於計算，認為這樣「無條件互補」會蝕底、不公平、養懶人，社會沒經濟就不繁榮，等等諸如此類理由、解釋、藉口。於是一旦金錢、經濟下滑，大家就不知所惜，就形容為困境。用金錢主宰你們世界社會的生活，你們依賴了金錢。沒有金錢收，大家始乎不會為別人、大家、整體、共同無條件互補所需而做事。能無條件給予的人才是我們真正去欣賞、尊重、敬佩、愛戴的人，而不是那些找你著數、利益、找你口袋裡的

錢的人或利用你為他／她作為賺錢工具的人。

印度男孩對疫情（COVID-19）的預言及啟示是：https://www.youtube.com/watch?v=si02LM7wDIo

我做個比喻：天會因應宇宙運行，定期吹起你全屋裡的地板面，卽床下底、梳化底、地毯底等等。因人平時喜歡將垃圾、骯髒、污穢的東西隱藏在床底、梳化底、地毯底，眼不見就為之乾淨，沒人講，當作沒人知，沒人去理，無人想負責，瞞過下去。但一旦天要吹起，所有垃圾、污穢、細菌、病毒都被吹出來蓋滿全屋，全屋都感染細菌，所有人或許多人都病了。

是天意還是人為呢？似乎兩者都有。如人平時誠實打掃間屋，有做清潔隱藏看不見的地方，不要瞞天過海，不各家自掃門前雪，不不負責任，不做壞事，風吹起來沒什麼細菌可帶出來。風起就是時辰到，回報給人類之前所積下的禍根。

從另一觀點及角度看，這疫情令地球實則更健康、更淨化、恢復平靜、寧靜、透氣、休息，你們人類平常是如何為了名利權而傷害、污染地球？如今相反，人類反被病毒傷害、污染，令名利權降低、恢復大自然、藍天白雲。

試問又有什麼其他辦法、方法能令全球世界在短短數星期裡停止污染地球、及注重公共及個人衛生呢？今次疫情最大損失是名利權，商界及政界很難制止及挽救，而且損失慘重。商鋪無生意、政府庫房有虧損。

今天這全球大疫情（COVID-19）就是回報／報應以下：

1. 打擊不衛生。人類一向都不衛生，有什麼方法能令全球所有人乖乖注重個人及公共衛生。什麼方法都不及用COVID-19更有效。雖然我仍看到街上仍有不少人隨地吐痰，及隨地小便（大部分都是上了年紀的阿叔或阿伯）。

2. 打擊經濟。特別是大財團，賺開大銀碼收入的人。航空巨龍倒閉，鋪主要以超低租金才租得出鋪位。少了人有錢，金錢很難稱霸。貧富懸殊拉近。

3. 打擊權力。有權勢的人、老闆、政府全都救不到社會。大財團沒錢去吸引人為他們做事，就控制不到人。

4. 打擊名人。明星、歌星、藝人都無工開，自身都難保，名人救不到自己，也救不到社會。

你們認為損失慘重及生計有問題，因你們依賴名利權及有條件的遊戲規則。人懂自律，就不需要立法，就不需要權。人懂無條件互助，就不需要錢，就不需要利。人懂誠實，就不需要崇拜名牌、名人的信譽，就不需要名。而名利權為什麼那麼強，問題就是因人不自律、不無條件互助、不誠實囉！繼而就產生不理會污染地球、公共及個人衛生等等，結果攬炒。**所以名利權這遊戲規則、準則、社會模式加速摧毀及攬炒，它實質其實與大自然、環保、愛、自由、人道、和平、愉快矛盾及相反。**

但即使今次疫情令許多人生計有問題，你們仍不會無條件互補不足。世界N世紀以來，循環不斷的天災、人禍似乎都未能喚醒世人醒覺究竟最深層源頭的理由、原因是什麼——是有條件及名利權的這最大、最基礎的遊戲規則。你們常說希望盡快回覆所謂「正常」——有條件及名利權的世界。其實一點都不正常，你們還未醒覺、明懂用相反的無條件互補、真相、品格。你們剛剛與烏托邦世界走相反的路。

　　所以即使我沒預知能力，但我也可好肯定告訴你未來一定繼續重複有瘟疫、天災、人禍、戰爭，動盪，即使無論你們的科技是5G、6G、7G……。而且如你們不改，你們的每下一代會越來越糟糕。過去人類歷史告訴你們地球文明曾多次滅亡，重頭來過。不信的話，再多一次也沒什麼大出奇。

　　但這道理居然無人察覺到，這遊戲規則還可沿用N世紀至今，人類簡直匪夷所思、耐人尋味！這個人類世界時空間（人世間）即使科技如何進步，但對真理完全不懂（不知或無知）。

　　真正進步是社會有多明懂真理，開放、接受真相。在一個真文明的烏托邦世界裡，真相、真理只是最低入場卷。你們的世界簡直是瘋人院，瘋人才會住。現實結果告訴了你們。你們認為經濟、金錢、名利權、有條件交易是繁榮、好、對、正確、正常，放棄、不要烏托邦。Ok! That's fine! 你們想自殺，只有愚蠢的人類才會令自己自殺。你們願望不想痛苦、辛苦，但實則你們做著令自己痛苦、辛苦的事，真的是咎由自取。天

災不及人禍大、厲害，人類摧毀地球比天災更快N倍。你們的世界對地獄、魔鬼、邪惡來說，簡直是天堂。但對烏托邦相比，你們的世界簡直是黐X線、黐孖筋、瘋癲。

我知這顛覆了N世紀已來這世界、社會、人類一直以來的意識、想法、文明、文化、習俗、規則。正如我說過你們的社會現實是倒轉來行，但因主流大多數人及小數的權威者都是這樣，因此已變成了所謂「正常」。而人類也不會反省，反思所謂「正常」是否真理（真正的正常）？這才是真正的open mind（打開思維）。

這社會連多世紀一直以來發現的鬼魂也不會正式公開承認，就可想而知，更何況要人接受更離地、超自然、靈性、陰謀論、例外的東西或事呢！

二千多年後的今天，你們還是這樣，即你們二千多年來從未進步過。

第二十七章
爭取

　　你們原本就是已經偉大重要、完美、卓越，（這在《源頭真相》章節裡解釋到），但是你們設定了許多貶低及傷害自己的遊戲規則。你們認為，定義能越持久擁有越多的東西為之「成功」、「目標」、「第一」、「安全」、「聰明」、「著數」，於是你們去爭取更多。每個人都去爭取小至出生床位，大至國土、老至棺材山地，一生都必然不快、損傷、積冤、傷痛。給你爭到，實際上用不到這樣多，多出來的就放在一邊，或沒用，或去揮霍。表面上讓人讚你是「成功人仕」、聰明、叻、尊敬你、欣賞你、愛慕你，因讚你的人希望可以跟你一樣能爭取擁有更多。若一天你沒有擁有這麼多，他們便不會再愛慕你。

　　真相與世俗剛剛相反，你們的社會應放棄爭取更多。如不是少數擁有全球大部分資源，世界根本是足夠全人類一切所需。世界大自然一切原是免費給人類共同分享使用，但人類卻取了後再定價，從別人爭取更多。當世界每人無條件有一切生活基本所需，那人人都安全、安穩、無憂、快樂，不需做賊、打劫，不用找藉口為糊口、生計而去做壞事了。

　　這是一些烏托邦星球裡很基本簡單BB班的道理。

第二十八章
商業社會、金錢世界

你的生意並沒有真的幫助人，因你從他們身上索取了大於你給出的產品或／及服務成本的代價。即使你的產品或／及服務對客人100%有用，但客人其實反幫了你200%、300%，或甚至更多，因價錢利潤必然大於、多於成本一些或多好幾倍。

有條件就不是叫「幫助」，是叫「買賣」或「交易」。而這條件必然是爭取大於或多於付出，否則不旦賺不到錢，還要蝕本、倒貼。所以做生意從來都不是幫人。好的生意即賺得越多，更是從別人索取更多代價。

若沒有取得客人的代價，你是不會幫他／她、或給予他／她。因此那不是真心為他／她好，而真正動機是為自己爭取更多。因此客人也不會真心愛慕你。因此即使結果你擁有許多，但沒人真心愛你。你並沒有獲得真愛、真心的愛，因你也從沒真心的去愛過他們。因此無論你擁有許多，被世俗稱所謂「成功人仕」，你也不快，你也不能成為偉人。

要成為一位真正偉人，你要被許多人真心愛著，而你需先要真心愛著許多人，才有機會是。

錢買到許多東西，但買不到真愛，買不到成為偉人，買不

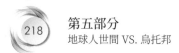

到成爲偉大重要、完美、卓越的自己。但世人卻放棄了、忘掉了眞正本來的自己，而卻走去追尋錢、追尋擁有更多物質。

背後邪惡勢力／力量不想「無條件的愛」抬頭，他們會假扮好意，教你自己不要蝕底給別人，做蝕底的事就表示／代表愚蠢、傻，教你用術（他們美化爲好聽點叫「技巧」）、古惑（他們美化爲好聽點叫「聰明」）、手段（他們美化爲好聽點叫「策略」）。他們眞正動機、意圖、目的是不想你們互相眞心幫助、互相眞心團結，他們想你們明爭暗鬥，各自爭取對自己最大利益，付出最少，但贏取／獲取別人更多／最多、更大／最大利益、著數，這就形成了現今做生意這模式，然後再推崇玩這些遊戲的贏家爲叫「成功人仕」，製造會過著「幸福、快樂、美滿」的生活幻象／假象。

用「錢」很難是眞心，因是有條件。現今生意模式是非常有條件，所以完全不是眞心。而且交易從來都不公平，因好的生意是需賺取利益大於／多於成本N倍。如何能證明是「眞心」？唯有無條件付出、無利益、無著數預期望打算有（當然受者可自由自願回報）。不是眞心有什麼問題？不是眞心就是假，當樣樣東西都是假，你便視「假」爲正常，因「假」已變成大多數、主流了，就像現在的世界一樣。看看現在的地球世界的問題就知夠多了，可大可小，最大、最後、最嚴重的就是攬炒（意一起滅亡），地球過去的文明歷史也曾試發生過。

現今的生意模式是：人利用人的需要、需求，索取人的最愛、最大利益，將之據爲己有。而交換條件往往要你付出很大

代價或／及某些其他犧牲。這方法傷害了倆人之間的愛，傷害了別人對自己的愛。你對人好，原來背後主要目的／動機是因為你想索取對方／別人的東西／利益／金錢。你在利用別人對你的信任、愛，而去索取別人的東西／利益／金錢或維護自己的利益。若你在兩者——1）別人對你的愛與2）金錢——之間，你認為金錢較重要，你選擇了金錢。金錢除了應付你日常基本生活所需要之外，在許多時侯的情況下，你是想透過用擁有更多的金錢來表達／表現自己的優越、來代表自己的成就／成功，來讓別人尊重你、羨慕你、欣賞你、敬佩你、佩服你、讚賞你，這些其實簡單地歸納起來就即是等於想別人愛你。其實你／每人真正終極目標、需要、直接的就只是：愛。別無其他，其他的只都是工具、方法、途徑、間接。但你卻當初在兩者——1）別人對你的愛與2）金錢——之間，你反選擇了後者，你想要錢因你最終想更多人愛你更多，但在努力地找錢其間，你實質在拒絕、或傷害別人對你的愛，因大家都知道你最終不是完全的真心，是因為份人工薪金、銷售佣金、生意盈利，所以你反而本末倒置了、反而主輔倒轉。

其實就算若用名利權所得回來的被愛、被尊重、被欣賞，都只是別人的社會比面派對、虛偽一場，不會是真心。^{（註 28.1）}。當然有許多人很享受這些自欺欺人的遊戲，睡在夢中，發甜夢也不願醒、不願面對真相。因他們一旦面對真相，他們其實變得一無所有，沒有人真心愛他／她。終其一生沒有真正愛過任何人及沒有人真心愛過你。如你用這方法，無論成不成功，你做生意的代價會很大，輕則辛苦，重則你或你令別人都很痛苦。

註28.1：「比面」其實已經是有問題，是錯或叫落後文明、落後文化，但地球人不知、不明。「比面」令到人不能為件事做好、不是為人最公平、以最有品、最高尚的決定、想法、行為。這種問題後果不一定即時看到，但日積月累，痛苦、悲慘，轉個圈以另一方式回饋回來。而再惡性循環下，最終攬炒。

所以有條件的交易、金錢制度是多餘，它其實是阻擋、髒遢、拒絕別人對你的愛及信任。在先進的烏托邦文明的星球世界裡，不需要有「錢」這東西，但這些文明都比地球先進過數以千、萬或億年計，地球的意識文明還相差太遠了。你們的意識共同不明白、共同不敏感、共同不能洞悉、識穿那漏洞、破綻，所以「錢」存在。在現非烏托邦世界，「錢」變得是需要。

在烏托邦先進意識文明的星球世界裡，人用無條件的愛、真心、真相去對待任何人，若不是你去無條件地愛人，就是被人無條件地愛你。在落後原始意識文明的星球世界裡，人用聰明（其實即是古惑）、策略（其實即是手段）、技巧（其實即是偽術）去索取任何其他人的利益、著數，若不是你去傷害人，就是被人傷害你。

己所不欲、勿施於人，那為何你又做呢？因人人都在做，所以最終又是攬炒囉！所以做羊群也不一定安全，是在玩慢性自殺。如果不是大家共同無條件地付出自己善長的強行、才華、天賦、使命、喜愛的興趣，只得一個人或數個人做是不能創造一個新社區文明文化意識，因做不到互補的效果，一切只

能維持原狀。當一個人因為了大眾的利益而不計算自己的利益，甚至乎自己會有損失時，這個人是真心、誠實、正直的。犧牲小我，成全大我，這是先進數億年的無條件愛烏托邦世界文明意識，像天堂一樣，這才是叫「正常」。「你們地球人的世界文明意識落後數N年或數億年」這句話你可以從許多靈性、新時代、外星的作者的著作及影片有講到。

世界、地方、社區是如何，是你們、我們、大家共同創造或默許出來。世俗人的社會認為消費越多、越高，買賣生意交易越多、越高，就表示經濟越發達、社會越繁榮、豐盛、氣氛越活躍、生氣勃勃，大家都好像榮華富貴一樣很快樂地消費、享受。

在一個社會裡，越多東西是要錢才有、得到，即表示越多的東西需要條件才給你，看錢分上給你，不是看你是否真的愛／喜歡那東西、或真的愛／喜歡你給的那個人或給你的那個人。金錢條件是不是真心呢？金錢條件是不是真的愛呢？還是愛你的錢呢？

越多東西是要錢才有、得到，即表示社會越多東西變了不再依靠是否真心、真摯、真誠、真的愛、真的喜歡、真的欣賞、真的需要，變了用錢代替。樣樣要錢，即樣樣要條件，那愛就消失了。當人人都愛錢就即人人都不是互相真心、真愛大家囉！一個看錢的分上、認錢不認品格、不認真理、不認愛、不認需要的社會，會繁榮、豐盛、快樂得哪裡去呢？會生氣勃勃、榮華富貴得多少呢？所以為什麼經濟指數排頭位，但快

樂指數排尾位囉！大家試想想：當如果有一天，連品格、say hi、禮貌、空氣、出街使用行人路都要付錢才有、才做、才可的話，金錢消費經濟交易流動是活躍大了，但你會快樂得哪裡去呢？這星球都……死得啦！

金錢只是一張紙或一堆數字，只是物件，可以用掃把、玻璃樽、石頭代替都是一樣，只是紙易攜帶、輕便，大物件難攜帶。真正背後問題不是物件，而是我們的共同意識認同、接受、支持、推舉這物件是主流社會中接近最大，代表成功、幸福、富有、快樂、甚至乎以為代表愛，大家爭相想擁有它，我們的精神變了競爭、占有，我們的目的、動機變了獲取更多金錢、計算得著多少、避免失去，因失去金錢意味失去成功、幸福、富有、快樂、甚至乎愛。事實上，**真理是：愛（真正的愛是無條件）、靈性、團結、品格、真相、顧及共同大圍、互補所需才會是真正成功、幸福、富有、快樂。**這些金錢物件不但不會令你獲得真正成功、幸福、富有，假的是可以獲得；在獲取金錢過程中，更會是很不快樂。它的威力、勢力已蓋過了無條件的愛，它使人忘記了無條件的愛，忘記了其實無條件的愛才是真正的快樂，它成為了人類世界社會共同認同為接近至高無上的成功、公平的真理，實質是本末倒置。無條件的愛才是主菜，其他例如金錢只是配菜、次要、可有可無，甚至乎多餘。**世俗與真理、真相剛剛相反，你們在倒轉來行。**

商場如戰場，同行行家、客戶大家都各有這同樣思想、想法就是：「不要蝕底，要付出最少，但獲取最多、最大利益、著數」，那便出現互相駁咀、爭鬥／鬥爭、競爭、爭取。爭鬥

／鬥爭、競爭、爭取就是有傷害。毒藥有分良性、惡性嗎？有良性毒藥嗎？你會接受去食良性毒藥嗎？那爲何競爭有分良性、惡性呢？「良性競爭」、就像等於跟「潔淨污水」、「善意謊言」一樣互相矛盾，用「良性」、「潔淨」、「善意」一詞試圖淡化「競爭」、「污水」、「謊言」一詞的罪疚感或負面感，說得好似是對的一樣及合理、可接受、正常、理所當然、理直氣壯。因我們一出世社會已是這樣，實質其實是歪理，邪惡勢力／力量的包裝技巧，他們將你們打散／分散愛及團結的力量，然後互相各自鬥爭利益，或有條件才交換利益。只要世人不互相相信大家，不是眞心相助，眞正動機只是因爲了利益，那邪惡勢力／力量便必勝！這些意識、信念一代傳一代，「無條件的愛」消失了，沒有「無條件的愛」，世界永遠沒可能會再是烏托邦了，邪惡勢力／力量得勝利了。

由N世紀前沿用至今，看似合理的歪理是非常之多，而且根深蒂固地植入地球大部分世俗人的意識、信念，甚至靈魂裡去。我稱這些就是「癌細胞的意識」。要治療「癌細胞的意識」不是一件容易的事，耶穌、佛陀、老子、德蘭修女等等許多靈性、眞相、智慧專家二千多年來，也未能將地球變成烏托邦，而覺醒「無條件的愛」的人比例上非常之少。

眞正「生意」應是你「生」命的「意」義，和你生命的價值一致，而你生命的價值是表達「無條件的愛」，「無條件的愛」就是永恒、恒久成功的捷徑，讓別人／對方同樣去copy你的生意及成功之法。人最終眞正根本底牌想要、需要的是愛。沒有什麼比「共同的無條件的愛」、人道、生命更重要，你眞

正要學懂就是這些。沒有任何知識、經濟、科技比這些更重要。這些是一切的基礎、根基。沒有這些基礎、根基，一切建在之上也不穩固，最終／最後都會倒下來，未倒下只是時間未到的問題。

　　無論以上是否有道理、眞理，人類不喜聽的話，你說得不合心意，那就責罵、打死你。爲什麼「打得」做不到大事呢？因你打得，自然你會用暴力解決，當下你是贏了的，但後果可能要賠凸。你用「打得」贏，那表示誰打得就誰贏，那想贏的人，每天都排著隊找你、想打死你爲止。

　　弱勢的眞相、眞理被你打死了，就會輪到強勢的虛假、歪理打死你了。其實是你們間接打死你們自己而已。

　　若然你跟我學，卽使不完美，世界也不會差得那裡去。若然你們人類是有智慧，就不會重複滅亡那麼多次啦！重還在扮什麼吅呢？

第二十九章
改變

　　地球人類好特別，好聲好氣、好言相勸沒有用，通常要一起集體出了事，從一起集體痛及一起集體得到教訓之中，才有可能有輕微少少的一起集體改進。物極必反，人從行為上選擇了用這方法。世界社會人類為了「名、利、權」，而得到多世紀以來這麼多大痛苦，這還不夠教訓嗎？還要多少才醒呢？要用到這樣的方法，世人才可能醒覺「改變」，那實在是一個很危險及極端的方法。

　　你們經常聽到成功人仕、CEO說要敢於改變，但當真是要改變這麼大、最基礎底層的遊戲規則時，又有多少人真的像耶穌、佛陀、老子、德蘭修女敢於為公共大眾改善世界呢？

　　改變世界就是要用新烏托邦的「互補、品格、真相」來取代依舊的「名、利、權」為最大遊戲規則及社會模式。「互補」，即表示無條件互補，以多補少，以有補無。「品格」，即表示善良、良心、良知、正直、禮讓、顧及別人、公德心、注重公共衛生等等。「真相」，源頭、深層原因，不要責罵任何所謂「污糟邋遢」的事實（因再無人敢講），改善就是了。但要斥責所謂「美麗」的謊言（因不想有人再繼續講）。

舊有現時的遊戲規則、社會模式		新烏托邦的遊戲規則、社會模式
以「名、利、權」定義為「成功」的社會		以「互補、品格、真相」定義為「成功」的社會
「名」-即表示名銜越多、越出名就代表是好的、是對的、是可信的、是可靠的、是真理。	**VS**	「真相」-即表示不要責罵任何所謂「污糟邋遢」的事實（因再無人敢講），改善就是了。但要斥責所謂「美麗」的謊言（因不想有人再繼續講）。
「利」-即表示如我沒收到利益、金錢、著數，我是不會無條件幫你或給予你的。		「互補」-即表示無條件互補，以多補少，以有補無。
「權」-即表示話事、控制、決定，無須要依從別人的意願。你要跟我意願，但我無須要理會你的意願。		「品格」-即表示善良、正直、禮讓、顧及別人、公德心、注重公共衛生等等。

　　舊時的社會模式，人一生為糊口，辛勞地做自己不喜歡的工作，放棄實現做最偉大、最真的自己。最糟糕的情況是互相殲滅、攬炒、滅亡／滅絕。

　　新烏托邦的社會模式，人已有一切基本需要：衣食住行。大家互相無條件付出自己最善長、最喜歡、最多的。自由做自己喜歡、有趣的事、享受人生，實現做最偉大、最真的自己。最糟糕的情況都只是不成功。

社會模式	平常、正常	得失	最糟糕的情況
舊現時地球世界	一生辛勞工作找錢為糊口	放棄實現做最偉大、最真的自己	大家互相殲滅
新烏托邦世界	有一切衣食住行基本需要	自由、做自己喜歡、有趣的事、享受人生，非公事或非利益的相處關係、實現更宏大、偉大的自己	大家都不成功

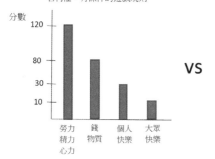

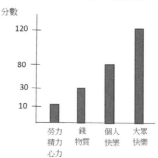

你們現實的名利權、有條件的遊戲規則是每人或大部分人用盡120分勞力、精力、心力、時間，你得到奢華的物質，但個人不快樂，也不見得世界很和平。你們的慈善簡直不堪。這遊戲規則一邊制造大量污染地球、浪費大量食物、資源，另一邊的慈善捐少少食物。你們不浪費已經夠全人類食。

互補、眞相、品格、無條件的遊戲規則是每人或大部分人很輕鬆健康地生活，得到足夠的物質、衣食住行，生活得到滿足，個人自然快樂，世界自然少紛爭、爭鬥，世界自然快樂、和平的機會大許多。所以與你們現在的遊戲規則剛剛相反，結果也剛剛相反。難道你們還未醒覺現在的遊戲規則未夠衰？世界各地都經常有社會動盪、最近又全球疫情。這麼簡單的道理都仍不覺有關係？

知是難、明更難、做到就更加難。大家從來都不會認爲、認同稱「善良」爲「成功」，不會稱「好人」爲「成功人仕」；相反，大家會認爲、認同、稱這些品格爲「蝕底」，稱

這些人爲「傻仔／傻女」。人類的文化、文明、習性是：講是一套（講要最好聽、暗語、客套話），做就另外一套（做要有利益、著數、計算），眞理／眞相又是與之前兩套、世俗完全剛剛相反。這些就是人類的意識一直以來都病了，一代傳一代。當人的意識得以治療、療癒，變得正常、健康的意識時，便會明懂是：其實你、任何一個人本質、本來、原本都是卓越、完美、偉大重要、及充滿愛，即使你什麼都不懂、什麼都不做、齋坐，單只是存在，就已都是。你根本無須要刻意做任何事去爭取別人給你更多的愛，別人無論怎樣不喜歡你、奚落你、歧視你、排斥你，也不能奪走你身上的愛，除非是只有你能親自丟掉你自己身上的愛。上天從來沒想要人受苦，世間上所有苦是集衆人製造給自己。世間上所有東西根本就是愛，是給予享受、玩耍、快樂。人是應該來體驗享受創造物、享受這世界。快樂本來就是一件很簡單、很容易的事，只不過是社會的文明、文化、大家的共同意識將愛完全壓下去。問題是世俗的錯誤、有病、未醒的意識將人、整個社會壓倒、變成、分化有無價值。有價值的被讚、被愛，無價值的被棄置、不被愛，這是癌細胞的意識。只是各有不同的天賦、用途、價值。但這是**絕對眞相**，只是大部分人不知道、不明白而已。

有關現實地球世界，神都是這樣說。可參考我簡錄《與神對話全集2上冊p.74~p.76》：

神：如果你找不到一個群體其意識跟你的相配，則去做一個群體的起源。其他有相似意識的人會被你吸引。

為了你們的星球有長遠而重大的改變，個人和小群體必須

去影響大群體——到最後，是去影響最大的群體，即全人類。

你們的世界以及其處境，是所有在那裡的生活者之全部意識的反映。

正如你在周遭所看到的，有許多工作仍須待做——除非你們滿足於現在的世界。

令人吃驚的是，大部分人滿足。這乃是為什麼世界不改變。

這個世界所推崇的是分別，而不是相同；意見的不一致是由衝突與戰爭來解決——而大部分人卻滿足於此。

這個世界是適者生存，「強權即真理」，競爭在所必須，而勝利是至高的善——大部分人卻滿足於這樣一個世界。

如果這樣一種體制也製造了「失落者」——失敗者，那就讓它製造吧——只要你自己不在其中就好。

即使這樣一個模式，使被人認為「錯」的人常遭屠殺，「失敗者」饑餓而無家可歸，不「強」的人遭壓迫和剝削，大部分人還是滿足於此。

大部分人認為跟他們自己不同的，就是「錯」的。宗教上的不同，特別不被容忍；社會、經濟或文化方面的許多不同，也是如此。

上層階級對下屬階級剝削，卻自鳴得意的美其名曰改善了犧牲者的生活，說他們比被剝削之前過得更好。上層階級以如此的方式忽視了真正的公正——就是所有的人應當如何被對待——而不僅是使可怕的處境變好一點點，卻從中得取骯髒的利益。

聽到任何有別於目前體制的體制，大部分人都會嘲笑，說競爭、屠殺，與「勝利者分贓」這類行為，乃是使他們的文明

之所以偉大之處，大部分人甚至認為沒有別的自然之路可行，認為這樣做是人類的天性，認為以別的方式作為，會殺掉驅使人成功的內在精神。（沒有人問「成功什麼？」）

真正啟蒙過的人，固然難於瞭解你們這套哲學，可是你們星球上大部分的人卻深信不疑，而這乃是為什麼大部分人不顧及受苦的大眾，對少數民族的壓迫，下屬階級的憤怒，或自身及親人以外任何別人的生存必需條件。

大部分人並沒有看出，他們是在毀滅地球——那賦予他們生命的星球——因為他們的行為只求自己富裕。令人吃驚的是，他們目光短淺到不能看出短期的所得會造成長期的損失，而這本是經常發生的——也會再度發生。

大部分人會害怕群體意識這個概念。這個概念類似於集體利益（群體的善）、單一世界觀或跟萬物一體的神，而不是與之有分別的神。

凡是能導致合一的事物，你們就害怕，而凡是那有分別之作用的，你們就加以推崇，這造成了分歧與不和諧——然則你們似乎連從經驗中學習的能力都不具備，繼續你們的行徑，造成同樣的結果。

不能把別人的痛苦像自己的痛苦那般體驗，乃是使痛苦繼續下去的原因。

分別使人冷漠，使人產生虛假的優越感。合一產生悲憫與同情，產生真誠的平等。

在你們星球上所發生的事情——一成不變已經三千年——我已說過，是你們群體——就是你們星球上整個的人群——的集體意識之反映。

這一種層次的意識，最好的形容詞就是「原始」。

第六部分

你們可以做什麼

第三十章

從天、人、地三方面

我們要知道在現實這名利權、有條件的大環境世界裡，人無可能無痛苦。若不在烏托邦世界，人無可能會有真正及長久的快樂。耶穌、佛陀、老子、德蘭修女，再加上許多智者、Neale《與神對話》作者等等，二千多年來直到現在，世界雖科技急速發展，但人道、真相、真理、品格依舊幾乎原地踏步，沒多少變過，仍距離烏托邦相差極遠。所以再多二千年，我認為世界還未末日，還未攬炒滅亡，已是很幸運。我認為大部分一般普通人類的意識及智慧未可能進化得那麼快，或應說意識未可能康復得那麼快。人類的意識全部病了，一出世就病到老，而且病了許多代了。

那我或我們今世可做得什麼呢？我想大家都不會期望今世（給盡100年）世界就能恢復烏托邦，不是不想，那實在太不切實際。

我想今世及後代，大家能做的方向：

· 天：配合大自然法則、靈性法則、宇宙法則。

· 人：成為偉人（成為偉大重要的你自己，a great person, the greatest you）。

‧地：創辦一個模擬版的烏托邦的小社會。地球上有許多世界共存在，我想加多一個模擬烏托邦的世界上去。讓人多一個選擇及比較。

地球

—— 實體世界（肉眼看得見）

人類世界

烏托邦世界（以「互補、品格、真理」定義為「成功」的遊戲規則）

名利權世界（主流、大多數）

第三世界（貧窮、饑餓、疾病）

土著、部落、與世隔絕世界

動物世界
昆蟲世界
鳥類世界
海洋世界
植物世界
外星人世界
或許有其他等等

非實體世界（非肉眼看得見）

鬼魂世界
指導靈、高靈世界
天使世界
或許有其他等等

天

1. 配合或遵從大自然法則、靈性法則、宇宙法則的理論教育；

2. 也有另一些學問，例印度的吠陀占星術能以行星移動的位置對地球預測產生什麼的影響（最近由2019年開始最熱門的印度男孩（Abhigya Anand阿比亞·阿南德）用吠陀占星術預測到新冠肺炎COVID-19）；

3. 行為上的戒條。例如：不要做違反或破壞大自然的事。

這部分的詳細內容頗多，要日後再有機會寫出來。但其實你也可用關鍵字：大自然法則、靈性法則、宇宙法則，在互聯網來搜尋相關資料。

人

1. 成為偉人（成為偉大重要的你自己，a great person, the greatest you）。

要在正現實的地球人世間這大環境實現最好、最善長、最叻、最「正」、最偉大重要、最真的你自己，是一件極困難的事，高難度動作。因現實的世界是不但不利於，還打壓人發掘及做最真的自己。這世界就是要教育你在你最年青力壯、精力充沛、頭腦靈活時、用大量時間、精神去集中努力地為追求名

利權的成功而工作，沒空去想究竟你的人生意義是什麼呢？沒空去想究竟你心底喜歡什麼呢？沒空去想究竟你覺得什麼是有趣呢？於是每人都是過著罐頭式的機械人生活：返工賺錢。所以在下一題目「地」部分，我會講到我們需要一個良好模擬版的烏托邦的環境。

因你要做到偉大重要的人（簡稱：偉人），你要集中做下圖的「善」方面：

「善」是慈善——無條件付出。將你最好、最善長、最叻、最「正」的東西無條件付出、分享給全世界人知道或使用。這是一種互補不足的和諧。

為什麼「成功人仕」不能成為偉人呢？因我們世俗所指的「成功人仕」是以名利權的多少及高低來定義「成功」或「成就」，卽集中做下圖的「錢」方面：

賺錢——有條件獲取。卽使你不是一個貪錢或向錢看的人，最基本起碼你都要食、交租、水、電（或許有親人交了），不多或不大用錢，少極還需要錢維持生存，否則乞丐不需乞錢，這是一個很幾乎一定的現實事情，但小、中、

大學校卻沒教的題目或課程，但他們卻正賺著學生、家長的錢。學歷與懂賺錢是兩回事，沒有直接，但有間接關係。

賺錢不外乎打工、自顧、銷售、做生意、投資或其他（例：父母給、老公／老婆給、有人養／照、家族或遺產承繼、中六合彩）。希望做銷售、生意成功，必然希望1）盡量售出產品／服務；及2）獲最大盈利（低成本高回報，差價大）。但你賺了多1元，別人／對方必少了多1元。做打工，必然希望找到份人工高或理想的職位，但你被獲聘了一個職位，必然有另一個人失業。為自己爭取增多，而令別人缺少。為自己一方爭取最大利益作為出發點，而非以人道、良知、良心作為出發點，因此殘忍、痛苦、仇恨……等等許多問題往後衍生出來。但現實地球人世間社會是這樣運作。

　　行業對行業層面的比較，單論以賺錢多為最好的就是銷售及做生意，比打工是有較大機會賺取財富；但個人對個人層面的比較，最好的工作是最適合你的性格及才華。世人一般將成功以職業及收入分高低等級，視商界CEO為最成功人士榜樣；視清潔工、掃街為最低等職業，這是世人的看法。但從出世、智慧、源頭、道、神、佛角度看，每種職業都是平等，每人的性格、才華、能力都不同，有些人對賺錢能力面較強，有些人對教導能力較強，有些人對藝術能力較強，有些人對執行能力較強，若世上少了一類能力的人，即使有多大財富的人、全世界的人也會受到影響。例沒有一班做倒垃圾清潔，你家的垃圾一是堆在家裡或二是自己拿去垃圾站吧！倒垃圾絕不是低技術工作，而是現今世人視以勞動體力的技術為低下工作。

　　雖然我們看到大商家捐了許多錢到不同慈善機構、項目，興建許多以自己名子的建築物。但我們不會叫巴生、Bill生、

馬生、李生做偉人，但我們卻會稱那些貧窮的耶穌、佛陀、老子、德蘭修女做偉人。錢雖買到許多東西，但因買不到眞愛，買不到成爲偉人，買不到成爲偉大重要、完美、卓越的自己。巴生、Bill生、馬生、李生死後，不會有後世人自願集資無條件幫他們興建建築物來記念他們，但耶穌、佛陀、老子、德蘭修女卻有。

因耶穌、佛陀、老子、德蘭修女的幫助及福祉的廣範性及持久性比任何捐過好多錢的有錢人更大更久。巴生、Bill生、馬生、李生死後，沒有多少人會崇拜、感謝、喜歡他們，但世人會崇拜、感謝、喜歡耶穌、佛陀、老子、德蘭修女。

做大事就是實現偉大重要的自己，何謂是偉大重要的自己？**有多少人眞心（不是因你有多名利權或其他條件）愛你，及你眞心（不是因他／她有多名利權或其他條件）去愛過多少人。**你可能拿了許多著數、利益，做了許多成功的小事，但你卻放棄了實現偉大重要的自己的機會。

做大事就是以「爲大眾」行先，放自己較後。有人稱叫這「蝕底」或「愛」。做小事就是以「爲自己」行先，放大眾較後。有人稱叫這「著數」或「自私」。你顧及著重自己擁有越多，就好明顯是爲自己行先，肯定是小事、小成功。

人崇拜兩種人：一是當權者；二是偉人。分別是：崇拜前者的人是出於恐懼，崇拜後者的人是出於眞愛。員工通常都害怕老闆（當權者），但很尊敬他／她，是爲了份工糊口，無

得選擇。信徒建立復活節、聖誕節、佛誕休息日，世人全受益。信徒可自由選擇在休息日崇拜偉人，是爲了眞心無條件記念他們。前者通常是在生時被人崇拜，死後無人理。後者剛剛相反，通常在生時無被人看得起，是死後才被人崇拜。因當權者、恐懼會將偉人、眞愛殺死，但相反，偉人、眞愛不懂、也不善於歪理、爭鬥或好勇鬥狠。偉人、眞愛通常都是很單純、善良、正直。做得當權者通常都不會是善男信女那麼簡單、單純的人，是利益關係複雜的、好勇鬥狠的人。所以當權者、恐懼往往占主流的上風，偉人、眞愛則往往處於主流的下風。

做生意就是有條件獲取，剛剛與慈善相反。要精於生意的人變成精於慈善是極困難的事。一般商人或慈善家最基本或最簡單就是捐錢或捐物資分配到有需要的人手上，那只是很低層次的慈善（很低層次的無條件付出）。我不是說捐錢沒用。生意都有分大小，慈善都也一樣有分大小。正如McDonald、可口可樂全世界都有分店生意，教堂、寺廟、道德經全球都有，留傳千世。

如越有錢就能做越多慈善去幫助越多的人，爲什麼佛陀成佛後不做回王子呢？

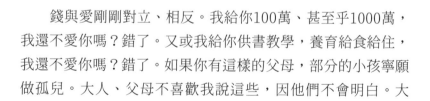

錢與愛剛剛對立、相反。我給你100萬、甚至乎1000萬，我還不愛你嗎？錯了。又或我給你供書教學，養育給食給住，我還不愛你嗎？錯了。如果你有這樣的父母，部分的小孩寧願做孤兒。大人、父母不喜歡我說這些，因他們不會明白。大

人、父母、老師是小孩的權威者，他們大可理直氣壯地說自己對，你錯。但我知那些受苦的孩子你們同意我這講法，因那些孩子你們知道我明白你們。有血緣關係的人不一定有愛，有愛才算是親人。

世俗用金錢想取替、代表真愛。金錢上的幫助很短暫、表面及有限，真正能長久、深入、無限幫助到全人類的是意識層面、真相及真理層面、最源頭層面。這就是為什麼有錢人只捐錢的偉大是很有限。下圖「智」，即智慧，包括神、佛、道、易、靈、玄、外、科、陰、占、真相、真理、源頭，能幫到慈善。

正如下圖「情」，即人情、關係、處世也同樣幫助到你賺錢一樣。

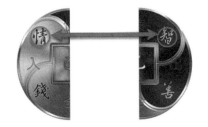

入世的「情」與出世的「智」又剛剛相反。處世就是掌握別人的心，而智慧能就是掌握自己的心。

情／處世——掌握別人的心。一個好憎恨、討厭（感性）的人，即使他／她送錢（理性）給你用，你也會覺得他／她的

錢污糟，不會要。一個你很喜歡、愛慕（感性）的人，即使要你送錢（理性）給他／她用，你也甘心情願。處世就是講感性，感性的力量在以上例子已說明它的威力有多大。所有處世之道、溝通技巧、說話藝術、人際關係、交際手腕、攻心術、讀心術、閱人術、親和力、性格／形格學、口才等等最終主要目的是達到一個效果：要對方／別人喜歡自己。喜歡、愛你越深，什麼事都願意幫助／協助你辦得到，而且是心甘命抵／心甘情願。處世就是掌握別人的心。高手是做得很自然而不容易露出破碇，做得好似好合理、理所當然之事。一般普通人沒受過該方面訓練、學習及知識是很難察覺到當中的技巧、術。正如不懂魔術的人即使是一個很簡單小小的魔術也被騙到很嗟異、很神奇。術、技術是假，在現實社會裡沒辦法，明知是術、技巧，世人喜歡這樣的處世模式。

智慧——掌握自己的心。一種人類心智上的特殊覺醒能力，它能夠快速而且深度了解事物、人心、事件、狀況，擁有能夠以思考分析（廣度思考、深度思考），通達情理或尋求真理的能力，它和智力、聰明不同，智慧更重視人生哲學上、宇宙人生的道理上的能力。覺醒「本來源頭的我」的能力，覺醒大自然、萬事萬物的演變／變化、運作，知道、明白萬事萬物背後的原因、因由、源頭，是同出一處。從知識層面，智慧包括但不限於（西方）神學、科學、靈學、外星學、陰謀論、占星學，及（東方）佛學、道學、易學、玄學，融合／混合（crossover），融會貫通，各學說都是用各自的見解、看法、描述同一件東西、源頭。從靈性層面，你醒了、成道了、成為源頭一分子了。真相得一而包括全部、所有而無限，所以

一切在內，要接納、包容、接受一切。在佛學中所言的智慧，其實是指「般若」，這是一種「無分別智」，也是「空的智慧」。當一個人的智慧越接近「空」的思想時，其智慧也越高。

入世與出世剛剛相反。

入世——包括情／處世、賺錢；注重利益、地位、權力、關係、有爲、隨俗、外在、物質、形相、現象。成功定義在於：物質、社會、生意、金錢、商業；以技巧、手段／手法、策略、外在爲重點。成功元素：眼光+時機+得人心+爭取。由入世學到出世：簡單說由大人跟小孩學懂脫俗。

出世——包括智慧、慈善；著重自由、自然、平安、個別、無爲、脫俗、內在、精神、靈性、心念。成功定義在於：能量、大自然、精神、心靈、靈性；以誠實、眞相、良知、內在、覺知爲重點。成功元素：醒覺+隨緣+得靜心+不爭。由出世學到入世：簡單說由小孩跟大人學懂隨俗。

一個越入世的人，七情六慾較多，對地球上人事物較大興趣，較容易成爲萬人迷，世人容易看得到。一個越出世的人，七情六慾較少，對地球上人事物提不起太大興趣，但他／她內心對世人世界的大愛尤如浩瀚宇宙般廣闊，但世人看不到。一個人時，平常用智慧對待自己，顯得內心平和、愚蠢；必要／需要與其他人應對時，才用聰明、術、技巧達致外相和平、順

利。聰明是術、入世；智慧是內功、出世。其實烏托邦是全出世，但因現世俗主流是全入世，所以如你能兩方面都懂兼顧，既能幫助世界人類邁進一步，也能明哲保身。

世俗是沒可能一下子變成烏托邦。所以，當你面對世俗（入世），你就要懂用左手面；當你面對眞相、眞理（出世），要懂用右手面。

世俗（入世）	眞相、眞理（出世）
面對別人	面對自己
調較自己、顧及別人／大家	只做自己、只顧及自己
動、活躍、快	靜、沉默、慢
聰明（或古惑）、技巧（或術、手段）、策略（或陰謀）	智慧、正直
群體	單獨
大家一起都舒服	自己舒服就ok可以
世俗不外乎教你20個字：七情六慾、紅白二事、節日慶忌、名利權、吃喝玩、老病。	眞相、眞理不外乎教你（但不限於）： 靈感、靈魂感受、心底話、感覺、open mind、we-won-won、覺醒； 人生使命／任務／目的、源頭眞相／原意／初心、我們是一個、眞愛； 神、佛、道、易、靈、玄、外、科、陰、占。

下圖可以代表一個人，也可以代表整個世界。世界主流是傾向左手面，而烏托幫就是右手面。人類現正一隻腳踏住左手面，而另一隻腳要開始慢慢踏向右手面。

除了明懂入世與出世，也要了解自己及知道自己的使命、為何此生投生來到人世間。

自己：了解自己的命格、性格、喜惡、強弱、優缺。知曉自己所擁有的天賦、才華。若然你發覺你自己善長唱歌如歌神（如張學友），但你走去做長跑運動員（如劉翔），挑戰奧運，那結果不用說了。人生結果或過程是由許多因素、因緣和合所組成。

使命：知曉自己的使命、任務，你此生為何投生來到這世界。了解了自己在以上四大範疇的強弱。集中發展你最善長、最強的方面。因最善長、最強的一面會令你更容易取得該方面的更高成績、成就、自信、尊重。你最弱、最差的方面，若然

修補不到，就接受，我們不應硬要針對修正別人或自己的所謂缺點或差的一面，你應接受他／她，然後將他／她放到適合的位置，或避免讓自己的所謂缺點影響到別人。

2. 喚醒那些大部分被診斷自閉症、ADHD、廢青的小孩及青少年，他們好大可能是新小孩，他們身負重任投生來到人世間。

請去看及轉寄分享網址www.NewChildren.net給有需要或有興趣的人仕。

後記

上圖案設計概念源自於太極，太極有黑白兩面，凡一件事一出現都有兩面對立、相反。每面都有例外。每面到極點便變成另一面。**凡事有兩面、凡事有例外、物極必反**。唯有這樣，這世界萬事萬物才存在，得以平衡，及維持、持續延伸下去。例：高矮、冷暖、男女、美醜、好壞、上下，又例：槍本質是中立，有警察用它來救人，有賊人用它來殺人，雙方也有例外。人心可以亦正亦邪，可以有比較之分別心，但物件、事情、現象其實本質是中立，無正無邪比較之分。不同即是相

同，相同就有不同。除非不在地球此人世間，否則要生存不得不同樣被迫要面對懂得亦入世亦出世兩方面。

這概念就是人生重點，這概念其實是非常基本、簡單，但卻很重要。不要笑以上這麼簡單、基本，還沒人知？這些最基本，但也最重要的做人元素，由小到大從來沒有學校、老師、人正式教過。學校沒教，也不會教，世人也不會說。你不懂ABC、123，也要賺錢，所以懂賺錢比懂ABC、123更基本、更必需（除非你由細到老都有人包養）。但學校會教你ABC、123，但沒教你賺錢。若然學校教的處世是行，爲什麼社會會有這麼多人際關係上的問題、紛爭呢？若然人類智慧這麼高，已經快樂的話，爲什麼大部分人都有種種不同的苦，要離苦得樂呢？有人寧願割破張梳化，然後掉到垃圾站，也不讓人捨回用，更何況說叫他／她自願做慈善捐贈呢？人生最重要、最基本的，大部分人反而不知、不懂、沒學過。只有最少數人知的、懂的、學的反而卻最基本、最重要。這與你什麼背景、讀書多少、學歷高低無關，學懂、醒覺就明白。學校教育不等如人生教育。

其實我是想某些私人機構、或教育機構可代辦以上圖的教育課程、明懂這些基本天人地的真相、真理、人生、現實基礎，培育成爲偉人，改變世界成爲烏托邦。

地

創辦一個模擬版的烏托邦的小社會。

現實世界主流基本上由金錢及當權者控制著，因是名利權的世界，人世間就是名利權主導的世界。你要真正快樂、自由就是要與主流剛剛相反，要互補（無條件）、真相、品格主導。人其實最基本需要只是衣食住行，你有或解決這四大項，已差不多可脫離、擺脫為賺錢生存或生活而忍受疲勞及當權者的控制。

人在現實的社會大環境，根本很難有時間停下來去思考自己人生的目的、意義、使命，更沒空去理解、學習真理、真相、智慧、求真，因為大部分時間要搵食。所以，如有一個好的環境，已有衣食住行，你就真的可以去開始做回人、成為偉大的自己。

若你們不想再為了錢而做出以下：
· 埋沒自己的良心、良知；
· 埋沒自己的真正想做的天賦、喜愛、興趣；
· 上司話什麼就跟隨做什麼；
· 恐懼失業；
· 過著罐頭式機械人的生活；
· 不知今生為何；
· 變得像鵪鶉一樣；
· 無聲狗；
等等……

你們應該團結起來一起無條件互相發揮、使用自己善長的能力去無條件互相幫助、分享給大家。老土點講句：「我為人

人，人人為我」。大家各自在各行業範籌有各自專長或在平時有各自的興趣，無條件互相補貼大家所需要。

這團結起來的一個類似版或模擬版的烏托邦的組織裡，人人平等，無分職銜、身分、年齡的高低級，也無分物件及服務的價值大小。我幫你修理好架車與你幫我修理好件衫是一模一樣相同價值。否則不是真正職業無分貴賤，否則不是真正工種／工作同值平等，否則不是人人平等。

在這組織裡，我們不會用錢或盡量不要直接給錢去幫助人，盡量不要依賴錢。但你可以在組識以外將錢轉為物品或服務，然後帶入、捐贈或無條件付出給組織裡的人。

有一項在烏托邦裡我很喜歡是：**人以幫助他人贏得聲譽，獲得公眾評價為榮**。所以我會用計分數：服務提供者設定物件或服務一個分數（0~10），服務使用者要支付分數，但分數不會進到服務提供者的戶口。服務使用者可評正負分（+10~-10）給服務提供者。

例子一：	服務提供者設定物件或服務：5分	
服務使用者	服務提供者戶口	服務提供者評分榜
服務使用者戶口：10分	服務提供者戶口：20分	服務提供者評分榜：30分
服務使用者：-5分	服務提供者：不影響	

服務使用者評分*：+8分	服務提供者：+8分	服務提供者評分榜：+8分
服務使用者戶口：5分	服務提供者戶口：28分	服務提供者評分榜：38分

*若服務使用者5天內不評分，糸統會自動給服務提供者評分+10

戶口分數是：1.用來支付物件或服務；及2.被服務使用者加減評分。

評分榜分數是用來接受服務使用者評分，會被加減。分數越高，表示越受受惠的人好評、正評、感謝。此人也是幫過許多人。

例子二：	服務提供者設定物件或服務：8分	
服務使用者	**服務提供者戶口**	**服務提供者評分榜**
服務使用者戶口：10分	服務提供者戶口：20分	服務提供者評分榜：30分
服務使用者：-8分	服務提供者：不影響	
服務使用者評分*：-3分	服務提供者：-3分	服務提供者評分榜：-3分
服務使用者戶口：2分	服務提供者戶口：17分	服務提供者評分榜：27分

*若服務使用者5天內不評分，糸統會自動給服務提供者評分+10

戶口分數是：1.用來支付物件或服務；及2.被服務使用者加減評分。

評分榜分數是用來接受服務使用者評分，會被加減。分數越高，表示越受受惠的人好評、正評、感謝。此人也是幫過許多人。

服務使用者與服務提供者雙方是可以各自不接受或不提供給對方，因雙方都是有自由及自願選擇，但要顧及處理情況，免被人感到你在玩弄。不喜歡對方或不夾而不合作，我認為是一個合理理由，但要懂得給人下台階，和平分開。但若當自己越懂真相、越烏托邦的世界裡，你不喜歡的人會越少，因大家的愛越多。

這組織裡必須有許多不同範疇、專長的人，否則起不到互補所需作用。這組識不是與世隔絕，相反，正正是在同一主流社會，同一個人裡。

像一個人一隻腳（上圖左腳）踏著以往現實生活模式，例：你走到我店鋪，你必須要付錢才能買到我的貨品或服務。但若果是一位烏托邦組織的人走到我店鋪，我的mindset、心態、思維像另一隻腳（上圖右腳）踏著新烏托邦生活模式，我同樣有禮貌地、客氣地去無條件付出幫助這個人及跟計分制度的程序。這是很講你的意識、心理關口，每次就是像你的考試。

若然大家用現實世俗的mindset、思維、心態害怕蝕底或用錢的相等價值來計算，那變得沒多少人做得到支持這模擬版

的烏托邦的小社會，那這小社會便不存在，我們打回照舊爲了錢而工作做出以上之前幾點行爲。**這沒辦法，一定要大家一起。**現時大家一起接受到或忍受到，所以大家一起不會改變。所以爲什麼一些未來人說第三次世界大戰發生後，人類才開始摒除名利權模式、不再用商界、政界做領導人，改用由人道主義、科學家等等選出來。註：有關未來人所說，可到我的網上課程裡有講述：UtopiaEd.com。

因屆時大家才一起接受不到或忍受不到那些種種殲滅及滅亡，人見到棺材不會流淚，因未發生，不夠嚴重，人要真見到自己身邊所有至愛的人事物全部已在棺材裡，才會一起改變或醒覺。但要用到第三次世界大戰這方法，你們才先一起將隻腳放到右手面，你們人類不是一起愚蠢，還可以怎形容你們呢？

你們的世界／世俗就像監獄，你們習慣、依賴、被體制化了。你會對改變免疫，你的身體系統就是不想改變。你們人類世界／世俗從未過上正常生活。

真的漢子不是用槍，不是講打、講殺。如果你是真漢子，就去改變世界。不要等別人改給你，因我不敢說這是弱者、懦

夫、無能、無本事的行爲，但這只是一般普通人：等救或等
死。

　　誠邀眞的漢子加入我們「模擬版的烏托邦小社會」，改變
世界，成爲偉大的人。我們歡迎你加入，訂閱我們網站，只是
留下你的電郵，我們日後會電郵通知你。

　　大部分人都是普通人，普通人就是不知不覺，有智慧的
人是先知先覺。再加上邪惡組織、名利權的人弄小動作、搞破
壞、暗算，其實要大家齊心成功創辦及維持到一個模擬版的烏
托邦的小社會是很不容易的事。

第七部分
最後啟示、結語、
後記

第三十一章
有關悟空與三藏

音樂

　　自從我發現我們是雙生火焰到現在，我發覺有許多訊息，不管是上面高靈引導給我，還是來自我的潛意識，還是頻率的吸引力法則，我都會無意中、沒刻意地去找尋，很自然地、間中偶然在網上連結到一些歌曲，而這些歌曲我是很感受到當時當下我和悟空互相相愛（是像愛另一個自己的相愛，而非情侶的相愛）的心聲、感受、情感的心路歷程。部分歌曲我最初也有電郵給悟空，鼓勵他，但其後已放到下面網址。有時我也分不出哪些歌詞是給或來自三藏的，哪些歌詞是給或來自悟空的，但也沒緊要，反正兩個人都是同一個靈魂。那些音樂、歌曲像「漂」進來，好表達到潛藏的我及我在想什麼，或潛藏的他及他在想什麼。每次重聽那些音樂、歌曲，都感到鼓勵及支持著我。

　　關於我們的音樂、歌曲有：twinflames.cc。
　　關於我三藏的心聲的音樂、歌曲有：
monkeykingandtangmonk.com/tangmonk。
　　關於他悟空的心聲的音樂、歌曲有：
monkeykingandtangmonk.com/monkeyking。

重聚

2021年3日3日,我們終於又相約會面食飯了。他好似當什麼事都沒發生過,扮不知。我也沒與他傾談什麼計劃,因不是三言兩語他就會明,而且他也未必會去做。這本書出版後,他會看到,他就明。這本書其實大部分我當刻的感受及領悟很早已寫好了,所以當時我寫時,情緒是有點高漲。隔了幾年,冷靜下來,我覺得悟空份人有時好難頂。我們始終生活在世俗,仍有各自小我的脾氣、習性,也有難相處的時侯。其實我個性很配合世俗人,我「自我」個性其實只限於執著真理、真相,其他之外,即假的東西、世俗人事物我沒太大所為。我沒有面子及自尊心問題,我臣服於真理、真相。我知我這與世俗人相反,世俗人會不喜,也易得罪世俗人,所以,我少說,保持沉默。悟空剛剛與我相反,他很愛面子、執著世俗人事物,但對真理、真相反不堅持。

我好明白他的性格及工作就是要去面對及與「龍蛇混雜、妖魔鬼怪」的人交手,強勢、有他講無人講(有話事權、控制權)、「功夫」、技倆、保護自身利益在世俗是必須的。而且從入世、世俗的觀點和角度,及在名利權的遊戲規則下是對的,但從出世、烏托邦、真理及真相的觀點和角度就剛剛相反。

我知悟空一就是很驕傲、自滿、自信心爆柵,一就是垂頭喪氣、意氣消沉、不振不起,無中間位。所以如只得兩者選擇,我情願讓他很驕傲、自滿、自信心爆柵,也不想要他垂頭

喪氣、意氣消沉、不振不起。

其實我聯想到我和悟空就好似某兩大地方的龍頭大佬一樣，不是你難頂，就會是我難頂，遷就到你，就我不舒服，遷就到我，就你不舒服。而雙方的人民已有貿易生意合作關係，兩地方不合作會影響民生就業等等問題。兩大地方龍頭就不能那麼輕易不一起。

我沒有金鋼箍，就算有，我也不想用。我寧願任務失敗，都不會用金鋼箍。我寧願不一起，也不會強迫別人及自己。己所不欲，勿施於人。你不想受人控制、被勉強，那為何你走去控制、勉強別人呢？你不想被人sell你，那為何你走去sell人呢？你不想被人占你便宜、被人抽你水，那為何你又走去占人便宜、走去抽人水呢？世人普遍都是：一、己所不欲，但卻又施於人；二、雙重標準；三、口不對心、講一套、做就又再另外一套，心、講、做，三樣都不一致；及四、欺善怕惡。人做，你又跟著做，因大家都這樣做，不這樣做，就蝕底，生存不到，鬥誰傷到誰，最後都是生存不到，因攬炒，世界末日，文明消失，地球過去文明也曾發生過，從頭來過。

所以，世人可以靠我此書及網站的資料及方法跟著做，及用資料裡的keyword關鍵字搜尋，你們會發現／發掘到真理、真相。

我這樣看：第一階段：以自己有限能力實現最偉大的自己，就已經對自己交到差、交到功課了。第二階段：讓別人

copy自己的成功，令別人也同樣能成功實現最偉大的自己（註：若是有的條件越多、越大，（例：要收取高昂費用才告訴別人），那設定了的門檻越高，那你限制及降低擴大性也越大，也卽限制了做更偉大的你自己）。正如我現在寫此書、網站給所有人一樣。但這不是我的責任，是我想或喜歡。第三階段：當別人同樣成功實現最偉大的自己後，別人可自由選擇去向，單跑或與誰合作，發揮synergy（協同作用），就更擴大。同樣我也可以自由選擇去向，單跑或與誰合作，或隨時轉變選擇。我想以上三階段也可讓任何人參考適不適合用。

其實我與世俗大部人最大分別是：I think out of the box or I think out of the frame（我想出框架之外），然後我再重新定義及給出更好、更完善的代替方案，去修復你們的漏洞、問題、缺點。正正是靛藍人的特質：破舊立新。大部分世俗人是在現有的框架之內玩遊戲。識得玩，就被叫所謂「成功人仕」。這「名利權」遊戲規則鼓勵人競爭，能爭得越多、越高，世人稱之爲所謂「成功」或「成功人仕」，但這些人其實都不會是善男信女那麼簡單，是利益關係複雜、好勇鬥狠的人。善男信女、簡單的人都好禮讓，不善競爭、爭鬥、爭取、爭辯，但反被壓搾、看低、受差的待遇。你們倒轉來行，因揸旗（意主理／領導）的人是喜好名利權、好鬥、競爭、有條件、利益關係複雜的人，而不是善男信女、禮讓、謙下、無條件、捨己益人的人。因此，你們的世界不好是「合理正常」可預計及意料之內必然出現的結果，這是稍有0.1%智慧的人都能明懂的眞理。

次分別是：我是例外。例：我去一間九成人都讚賞的五星級餐廳食飯，但我去就會踎到不潔的食物、不禮的侍應（服務員）、或總之漏洞、破綻、不善的地方。你可以叫bad luck，但別人不喜歡我發現，也不相信我，所以我也不出聲，扮像其他平凡普通人一樣，所謂「跟大隊」。所以，凡我上過堂的身心靈導師、或遇見過的人、醫生、護士、社工、或任何世俗應爲受人尊敬的職業的人都好，我不是刻意去做，但有時也會從互動接觸之中，他們會顯露不妥、不善、不正的地方。凡我所到之處，都有漏洞。

第三分別是：我本身就帶有某些治療功能。有部分與我接觸過的人，他們有些會自動發覺自己不善的地方。我沒有說教或指責任何東西，我其實連我有時也不知他／她明懂什麼，但當他／她的反應表現出內疚時，那我就知他／她是有些事發生了。其實人只有自己覺得、應爲自己不對，那才算是不對。

我想舉一個比喻作爲我對世人的感受：我現在就像一個人的靈魂投入到雞、豬或羊的身體裡，然後告訴其牠雞、豬或羊：那些農夫養到你肥肥白白，好像對你很好，其實是因爲遲早會拿你們去屠宰，賣了你來吃，背後眞正動機目的是爲了自己賺錢。所有雞、豬或羊群都當作我是發瘋。雞后說：「是農夫養大我們，我生了這麼多蛋，無功都有勞，農夫不會這樣對我，而且我的生蛋功績品質一向有A++信心保證。」豬王說：「是農夫養大我們，我是高級金毛豬，農夫及個個人見到我都很開心，個個人都讚我優質，高豬一等，農夫及人都很賞識我。」羊牯說：「是農夫養大我們，隻隻羊日日都是這樣生活

啦！大了就隻隻都要去遠行出國了，好正常啞！」養大你、讚賞你、獎賞你，就代表真的對你好嗎？就代表愛你嗎？牠們看不到、理解不到、醒覺／察覺不到雞柵、豬柵或羊柵以內的不妥，及柵以外的更大事實真相。牠們不敏感，麻木了，隻隻都是這樣，就這樣，世世代代都是這樣，就這樣，但反覺得我太敏感。明不明白？你們現在就像那些雞、豬或羊群一樣。跟著然後雞后、豬王或羊牯就會罵又我，農夫直呈會將我滅口。

　　真相是包括世俗框框裡及以外的所有任何一切面向，世俗的觀點與角度只是真相裡眾多的其一細小面向。我舉個例子：「水向下流」，這是世俗所有人都認知的事實，所以我們就認為這是真理、真相、絕對：水一定向下流。但水離開了地球，其實不再會是向下流。水在宇宙或不同行星有不同流動方向，因真理、真相、真正原因是水的流動是受引力所影響。所以，我不是說「水向下流」在地球是錯，但不是真理、真相、絕對。甚至乎「水向下流」在地球都不一定是絕對，有可能有例外，有可能地球上某些地方不受地心吸力影響，違反大自然科學定律也不奇。真理、真相是包括地球及地球以外的東西。常理不是真理。地球只是真相裡眾多的其一細小面向。世俗相對真相就好比地球相對宇宙一樣那麼渺小。

　　又例：古時世人都認為蘋果從樹上向下跌是絕對真理，普通人不會質疑，也非常堅信這是「真相」、「真理」。牛頓反問及研究為什麼、原因，「真相」、「真理」是地心吸力，因此，蘋果從樹上只是在地球向下跌，蘋果從樹上向下跌不是絕對、不是真理，它的道理只侷限於地球。若然你問：「我既

一生都只活在地球上，只知地球上的就夠用了。地球以外關我什麼事呢？我都不會用到。」那你就像一生都只知活在雞柵、豬柵或羊柵裡的雞、豬、羊一樣，跟大隊去被公式、罐頭式養大、洗腦、宰殺，視之為「正常」、「合理」。又或像鵝以為被取鵝肝是每隻做鵝一生必然經歷的痛苦一樣，視之為「正常」、「合理」，牠們永不會知道原因、真相，也沒法想去改變，唯有配合農夫為之叫做到最好。

但若然你要改變這沿用久遠歷史至今最大有問題的框架，現既有名利權得者及邪惡者一定殺了你，多十打耶穌、佛陀、老子都不夠死。所以，正如神說，去建立新的小社會，治療人恢復健康的意識，有健康意識的人自會去選擇生活在新的小社會。

白馬、禪杖、七十二變、金睛火眼、金鋼棒、八戒、沙僧

之於三藏為什麼要騎坐白馬？現代版的白馬、禪杖是怎樣呢？悟空的現代版七十二變、金睛火眼、金鋼棒又是怎樣呢？豬八戒（又叫悟能）、沙僧（又叫沙和尚、悟淨）又是怎樣呢？進展是否與古代版／小說版的《西遊記》裡的劇情一樣呢？現代版／真人版與古代版／小說版有什麼分別呢？這些可能留待下一次日後或許再有機會出版下一本書再談吧，又或許在網站再述吧。這些對真理、真相、你們沒什麼幫助、益處，只是滿足你們的好奇心而已。

我必須及必需如實說出我們的真人真事實的故事及在生前交帶下來的，因在我們離世後，我們的後人會有更多新小孩、雙生火焰出現。我們就是他們的前人及借鑑。我不寫，帶住落棺材都無用，浪費此角色的quota（配額）。此書信不信由你，你們怎做是隨便你們。耶穌、佛陀、老子都講了二千多年，他們比我更厲害，你們都還是這樣，所以當未來你們的世界出事時，不要說無人一早話你知，我們已有許多智者重複講過好多次，你們硬要選擇去死，就XXX（難聽或刻薄的說話X了就算）。我應該到時不在，我沒那麼長命，也不想投胎回來。你們會重複不斷輪迴「享受」回自己的「傑作」。不過你信了也並不代表什麼，只是邁向烏托邦100步裡的第1步而已。

　　新小孩都是因無條件地愛你們地球人，才投生下來治療、拯救你們的癌細胞意識，否則不會那麼戇居（意傻）下來，真的貪喜歡地球夠污染還是夠亂、恐怖、多問題嗎？有自由自在的烏托邦的星球世界不去住，下來地球受苦嗎？我們只要什麼都不用做、不去傳遞以上訊息、不去解釋以上，你們自自然不知不覺自動走向互相攪炒、自我滅亡、慢性自殺的路上。

第三十二章
劇集、電影及電視的啟示

劇集《東方華爾街》

有套劇集令我印象深刻，叫《東方華爾街》，劉德華監製，吳鎮宇主演。吳鎮宇充滿雄心及決心想改善及幫助金融體系的不公平、不公義下的受害小股民，但從正路又無起色。於是吳鎮宇想出一個極端的辦法，他假裝與金融界的大鱷合作，在金融界做到最頂層的大鱷之中最大壞蛋，然後運用漏洞、破綻去拖冧整個金融體系界別大市，一同攪炒，無人贏，大家都是輸家，自己及其他大鱷都要坐監。之後，社會大家都開始關注金融體系的漏洞、破綻、不善的地方，重新制定新的遊戲規則，免重蹈覆轍。吳鎮宇將「重新制定新的遊戲規則」任務交給他另一位改革的拍檔。吳鎮宇做醜人、壞人，他的另一位拍檔張孝全做聖人、好人。他用邪惡手段，但是內心真善良；現世界用善良手段，但是內心真邪惡；但一般大部分普通人沒辦法、也不易看得穿這些詭計、把戲，因他們是專業。就算知，也不敢、也沒辦法。雖然是做戲，但我打從心底裡對吳鎮宇飾演的角色肅然起敬、佩服、犀利（意屬害）。地球人類好特別，好聲好氣、好言相勸沒有用，通常要一起集體出了事，從一起集體痛及一起集體得到教訓之中，才有可能有輕微少少的一起集體改進。物極必反，你們地球人從行為上選擇了用這方法。地球世界社會人類為了名利權，而得到多世紀以來這麼多

大痛苦，這還不夠教訓嗎？還要多少才醒呢？This world is dying......。所以，有時魔鬼、邪惡、恐懼都有其用途。當然有些人事後仍不會改進，直接加入魔鬼、邪惡、恐懼行列，因他們想要報復，或許他們已受了傷或避免受傷而報復。

若你們人類不是全部整體一齊好，那就全部整體一齊X街（意衰、差、壞、失敗）。部分人好，最後都是全部人整體一齊X街。若右手爲了自己舒服的利益，將所有東西都給左手拿，三種結果情況會可能發生：1. 左手有一天會斷或勞損，再拿不到東西，2. 左手擺拿，3. 左手覺得右手不公平、不公道，會反抗、反擊打右手。最後你左右手都殘廢了。你們只有一條生還的路：爲著大家整體一齊好，爲著大家整體大圍的利益著想／去想，否則長遠來講，你們每一個逃不掉災難、人禍、爆煱的苦況。若你身體（比喻社會）、心臟（比喻意識）、或血液（比喻無條件的愛）不健康，你所有器官（比喻所有範籌）都受牽連停工。你要有一個顧及大圍、大局、大衆、整體的思想及動機，這是做大事的人。只顧及自己的利益（就像只顧及一個器官的利益），是做小事的人，而莫視整體、大圍、大衆的利益（就像莫視整體身體的利益），莫視意識（就像莫視心臟），或莫視無條件的愛（就像莫視血液），你（或這個器官）都不會好得哪裡去，身體、心臟、血液要死，全部器官都玩完。己所不欲，勿施於人。當你們共同同意後，100步的第2步（step 2 out of 100）就是何爲、怎樣才是叫對大圍、大局、大衆、整體、世界、社會眞正的「好」，因你們連這個都弄錯了，人類自以爲是加上面子及自尊心，難度比之前第一步提高了N倍，這可參閱《與神對話》系列的書籍或其他外星文

明、訊息、書籍的意見。我有時有些東西、事情想不通，我會用思想或念力向外或向內發出詢問，例如我問過：「爲什麼神不像向尼爾一樣地向我直接對話呢？」第二天，我突然「想」通答案是：「那不又是《與神對話》書裡的東西嗎？又要神重複講多一次啞？」

TVB《東張西望》之《深水步「街霸」》

最近我剛看到一個TVB電視節目《東張西望》28/3/2019《深水步「街霸」》一集，該集報道一位老伯在深水步霸占住整條街的公共泊車位，以代客泊車方式私自收取額外服務費。許多人都可能說他不對、罵他。我不是說他這做法是對。但我在想，地球的土地在盤古初開就已經存在，沒有屬於指定是誰的，是後來人將土地劃分爲屬於自己的領土（即現在叫國家），然後大家都打仗爲爭取、霸占更多屬於自己的領土，然後皇帝（即現在叫政府）就可分配自己的領土（或叫土地）作不同用途徵收稅項（即錢）。老伯現在做的跟皇帝、政府所做的其實源自相同同一理由、動機、目的。世人罵他是因泊車位是公家，不是老伯私有的。正如同一道理，地球的土地原本都是公家，不是各國國家私有的。但我們從來沒有去罵那些各國國家政府不對，我們還會爲支持自己的所屬國家的利益去爭取更多別的國家的領土土地。我們集體就是像等於那一個老伯。同一道理，但雙重標準。大做什麼，細就跟住；大的意識是什麼，細的意識就跟住。惡性循還，其實一切都是你們共同弄出來，意識轉化成行爲，不要誰推誰，人人有份。「公家」是整體一同共有。去觀察留意一下日常周圍身邊的小事，已給了你

許多更深層的意思、意義、洞見，這是關乎於你的意識、洞悉能力、求真能力、及愛的能力。

ViuTV《晚吹—又要威又要戴頭盔》之《中學老師I》

我最近看到ViuTV電視台的一個節目《晚吹—又要威又要戴頭盔》18/4/2019第157集的《中學老師I》，節目中的五位帶著頭盔加上變聲器做訪問的老師，他們講了許多日常工作體驗中所知道教育局、學校、校董會、校長、老師、家長、及學生的不能說出來的事。我非常建議大家去親自看看及感受，我說不出我的感覺。我此刻「漂」來一首歌：夏韶聲的《說不出的未來》，我放了在網上：https://monkeykingandtangmonk.com/tangmonk。這首歌說出了我看了後的感覺。

電影《紅衣小女孩2》

最後我用剛看過一套恐怖鬼片電影《紅衣小女孩2》的個人看後感：

There is nothing you need, but love.

Either only love or hate finally, no other choices.

有些魔鬼之所以寧願選擇憎恨是因受了傷，想報仇。

但如果魔鬼你選擇愛，魔鬼也會變回天使，那不是為別人，而是為自己。

因為真正的錯不是魔鬼你，而是另一些人。

你原本就是善良，那就是對。

如果你曾經令人變成魔鬼，那你可以試想怎樣補鑊。

《餐桌上嘅敵人: 十五種最致命嘅食物》

我2021年8月22日剛巧看到此文章《餐桌上嘅敵人: 十五種最致命嘅食物》https://thefamilybreeze.com/categories/cn/15-deadly-foods/

那文章所講的15種最致命嘅食物是：
1. 人造牛油
2. 汽水
3. 能量飲料
4. 果汁
5. 白麵包
6. 生蜂蜜
7. 吞拿魚
8. 加工肉類
9. 麥皮
10. 芝士
11. 無脂肪食品
12. 炸薯條
13. 罐頭食品
14. 即食湯
15. 鹽

詳情文章內容已收綠在：https://utopiaed.com/15-deadly-foods/

第七部分
最後啟示、結語、後記

我看後有以下靈感：假如文章屬實，那其實嚴格來說，世上超過一半食物都是不健康的，不應食的，有害的。同樣，嚴格來說，世上超過一半人類的意識都是不健康的，不應……(自己悟)，有害的。有什麼人類，就有什麼世界。有什麼世界，就有什麼食物。連鎖效應，因果循環，如是因，如是果。若然你們人類真的是聰明、是對及是成功，那又為何會弄至世界、食物等等有今天這田地呢？

在地球人類文明已曾多次滅亡、消失，再由頭來過。似乎再多幾次，人類也仍然依然未學懂、不會變、也不會改過，犯同樣的錯誤。這種重覆循環萬劫不復的場境，像活在地獄受苦難，已是一種懲罰。

你們現在正受的困苦、苦難、痛苦、悲傷、傷痛，其實已是正在受懲罰。所以我救你只是想給你一個機會，帶你離開懲罰及那些苦難。

其實最終你們都會回歸「源頭」(註32.1)。只不過你們想在"外面"經歷多少、多久的苦難才肯回"家"。「源頭」的門隨時歡迎為你打開，只是你還未願、未肯回"家"。「源頭」從來不會拒絕你，只有你拒絕「源頭」。「源頭」的"家"只有愛，別無其它。你說要"出外"看看、找找、尋尋不同的東西，最後，損手爛腳、焦頭爛額，在苦難中。你已嘗試了許多、找了許多，你明白到、醒覺到、學懂到你要的別無其它嗎？你要的就只是愛。不是假愛，真正的愛是：你知自己就是愛、無條件、正直、善良、良知、良心、品德、公德心、誠

實、真心真意、禮讓、禮貌、真理（真正的道理能放諸四海皆通）。

註32.1：回歸「源頭」意：回歸神／家／真我／愛／極樂／極安祥，也可以一樣通用。

《與神同行2：最終審判》

電影裡有一段對白：「我來到陽間，一千年來以家神身分觀察無數家庭。諷刺的是，我始終都不理解人類。不過有一件事我很肯定，世上沒有天生的壞人，只有壞的處境。」現時的大環境就是「名利權」。

對白截圖已收綠在：https://utopiaed.com/along-with-god-2/

TVB《智能愛人》

這是我臨出版此書前，剛巧看完此劇在2021年9月11日TVB電視台播放大結局。整套片的意義是編劇反映現實人類人性的醜陋、黑暗、陰暗面、邪惡，及事實的真相：**冷門少數正直、中肯、善良的弱勢人就是被世俗主流大多數不正、歪理、偏見、邪惡、古惑的強勢人欺凌、鎮壓、控制著**。藝人李佳芯飾演劇中AI阿寶，AI阿寶是一個正直、善良及中肯的機械人，相比／對比人類，明顯突顯出人類反而不正直、偏見及許多不正的觀念、想法。人類反罵機械人（也即代表了正直、善良的

人）不懂事、不懂人情世故、不懂世俗。而人類視自己凌駕、控制機械人，視自己爲機械人的主人，要聽從自己，自己是對的，自己當上權威者。

劇中有許多對白說得很好、很對：

「最喜歡傷害人類的正是人類自己。」

「是人類自己傷害自己。」

「你們所接收的世界是虛假的。」

「人類是全宇宙最可怕的生物。」
（即使不是全宇宙最，都算是頭幾位。）

「揭開人類僞善的面具。」

「僞善這是人類最大的一門生意。」
(「僞善」這是我看得很多，一開電視已看到，隨街周圍都是，只不過世人看不穿，習以爲正常。但在現實生活裡，我不能講，連少少都不能講。輕則黑面、爭吵、交惡，中則被告誹謗，被打一身，重則不是入監房，就是入殮房。)

「人類世界之所以能正常運作，靠的不是信任，而是一個又一個的謊言。智能人不會說謊，所以就要一次又一次地受到傷害和被出賣。」

「親情不是靠血緣來維繫，而是靠感情。沒有感情的親人，也只不過是陌生人。」

（這句對白講得很好，說出重點及更正傳統世俗大部分人認為是「血緣」的錯誤觀念。）

最精彩是第25集最後阿婆及老師的兩段，將人性的X街（意極衰格）推到極點，真是XXXX！

你要親自看看，收綠在：https://utopiaed.com/airomantic/

TVB《東張西望》之《公屋天花漏水疑雲》

最後最近我剛看到一個ＴＶＢ電視節目《東張西望》20/9/2021《公屋天花漏水疑雲》一集，該集報道有公屋單位的天花出現滲漏水問題，戶主向房屋署及樓上單位投訴不果，當局更反指是戶主屋內的冷凝水所致。但經TVB另找驗樓師專家證明是漏水問題，及攝製隊登門採訪介入後，情況立即得到房屋署改善。這已不僅是只此一單。

《東張西望》20/9/2021已是第1538集，差不到每幾集就會報導這類民生長期無人理的問題，跟著報導一出，數天後立即處理好。過去例如有：阿伯被人長期潑咖啡，有CCTV影片，警方一年都捉不到人。《東張西望》採訪介入報導後數天，警方立即捉到人。又例如《東張西望》21/9/2021：街後巷污水浸了三年，惹蛇蟲鼠蟻，發臭，食肆做不到生意，政府部

門仍無人處理。《東張西望》採訪介入報導後數天，政府部門立即清理處理好。有事、有問題似乎找《東張西望》有效過找警方或政府部門。

片段已收綠在：https://utopiaed.com/wet-ceiling/

做生意的最想拿走你口袋裡的錢，最怕蝕底。掌權的最想控制，最怕背鍋。這樣的世界、社會……。若有一天，即使連報導都再沒有效、都再沒有用時、都再不會理你時，那你們的世界、社會……。

註：我並不是針對人、警方、政府部門，而是針對名利權這遊戲規則所帶來的副作用及後遺症影響極深遠而廣泛，遲早冚包散。

韓劇《魷魚遊戲》

真的是最後，又剛17/10/2021看完這套共九集全球熱爆的韓劇《魷魚遊戲》。劇裡一班人窮途末路，為了獎金 (錢)，自願參加遊戲，輸掉遊戲便會死。

第六集－剛布 (意好兄弟)，好兄弟/好友玩第四個遊戲－估波子，雙方為了贏這遊戲、為生存、為錢，將對方、同伴、好友又騙、又背叛弄死。這種遊戲其實正正將人性的陰暗面展現出來，並反映現實社會現象。透過這劇裡的遊戲，只不過將現實社會名利權競爭的遊戲反映突顯出來。是誰設計現實社會名利權競爭遊戲規則，現已很難追究。但每人都自願參加，也無

人去改變。你們就是那些參加者。你們雖贏了，仍生存，得到許多金錢，但你們很羞愧 (shame on you)。

第七集裡，我相信現實社會真的是有班這樣的人 (指蒙金色面具的人)，N號房間事件、每年某些地方都有許多人無故失蹤找不回、暗網/深網裡、拜撒旦教等等。邪惡勢力/力量是很喜歡看到人鬥爭，無論哪方是誰對錯、是誰贏輸也不重要、沒所為，反正兩敗俱傷就最好。人類主流社會世界承繼這鬥爭在每一樣東西裡。

其實邪惡勢力/力量將原本不同 (A、B、C、D、E、……) 技能、擅長、喜好、興趣、使命的人都能各自追求發揮自己、達到成功，變成絕大部分人都追求名利權，以其為之成功，而放棄做自己、發揮自己原本的真正潛能及喜樂。名利權誤導你們的做人/人生方向，更使你忘記最基本及最重要的互補、品格、真相、人/生命道、你是什麼，繼而它產生的副作用及後遺症包括辛勞、精神緊張、煩惱、困擾、鬥爭、掩飾、說謊等等，引起一連串人性的陰暗面。

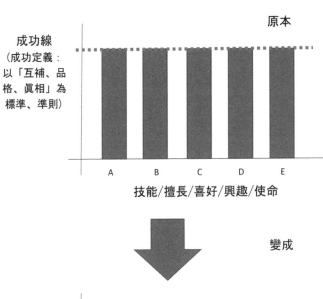

成功線
（成功定義：
以「互補、品
格、眞相」為
標準、準則）

技能/擅長/喜好/興趣/使命

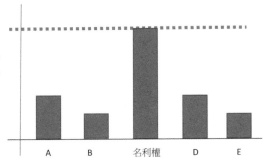

變成

成功線
（成功定義：
以「名、利、
權」為標準、
準則）

A　　B　　名利權　　D　　E

技能/擅長/喜好/興趣/使命

第三十三章
結語

1. 我所說的可能要我死後數百年、數千年或數萬年後，才有人發現是真理、真相、事實。正如耶穌、佛陀、老子、德蘭修女，生前都被人責罵過、恥笑過、討厭過、攻擊過。愛因斯坦說不認為人類對他信中的信息做好了準備。《與神對話全集1下冊p.193》神說過：「我每一位信使都受到褻瀆。離獲得榮耀還差得遠著呢，他們除了心痛之外，什麼也沒得到。你願意嗎？你的心是否渴望說出關於我的真理？你是否願意忍受你的人類同胞的恥笑？你是否準備好放棄世上的榮耀，為了使靈魂的更大榮耀得以完全的實現？」

一句「月亮是圓形」出自於一個賊人口中也是真話，一句「月亮是方形」出自於一個聖人口中也是假話。不要太理會我這個人，重要是內容是否有道理、真理、真相。因道理、真理、真相是不變或接近不變，但人會變。若有天你發覺我這人變壞了，你應捨棄我，而不是捨棄道理、真理、真相。

但當然，用文字與語言描述或講述對道理、真理、真相是非常限制，因怎寫及講都不會或難表現出那種原味。

2. 未來我希望有以下二件事大家能做：

(1) 創造一個模疑烏托邦的新社會模式、遊戲規則的組織。同樣，每樣事第一個創造時都被人撥冷水。正如馬雲說：新事物有四個階段：第一看不見，第二看不起，第三看不懂，第四來不及。

(2) 要治療人恢復健康的意識需要教育，包括神、佛、道、易、靈、玄、外、科、陰、占、九型人格等等知識、學問。神是指《與神對話》系列的書籍。

全世界古今中外，絕大部分人都知我為人，都覺得我無什麼本事、廢廢地。我是「百無」。

你們絕大部分人比我有錢、有人脈、有資源、什麼都多過我，你們做得到是應該，你們做得比我好是正常，但若然你們做不到或做得比我差，那你們要想想為什麼。莫非你比我更X（無謂講啦，你自己知自己）。

3. 你即使可以得到世上所有物質的東西，但你不是最大。物質世界不是最大。名利權在地球大了九成幾以上，但離開地球人世間以外就不是。

就像螞蟻世界，蟻后／蟻王在蟻群裡是山寨王，有許多工蟻服待牠，也可控制牠們，得到牠們的尊重。蟻后／蟻王在螞蟻世界是大了九成幾以上，但離開螞蟻世界以外就不是。

若你有得選擇，你寧選做一個低下階層、辛勞搵朝唔得

晚（意貧窮又辛苦）的地球人，還是做隻山寨王的蟻后／蟻王呢？我相信有許多人會選擇做蟻后／蟻王。沒對錯。那你就選擇每世都活在螞蟻輪迴裡。

例如：你在人世間有許多架林寶堅尼、保時捷、法拉利，你感覺好「正」、好威、好叻、自我感覺良好，也得到許多人羨慕、欣賞的目光。但如在烏托邦世界裡，普通個個人都可以用瞬間轉移去其他地方，根本沒有需要用車這落後的東西。你可能為了享受那高高在上、被崇拜、指揮下面的人的感覺，而寧願留在這名利權的遊戲規則世界裡，也不想改變到烏托邦的世界，甚至乎壓止、攻擊、暗中叉禍（意弄砸）、誣衊、暗中破壞烏托邦的進行。那你就選擇每世都活在世俗輪迴裡。

佛學說六道輪迴是苦，而世俗大部分人都不太明，大部分人總是離不開，或者不想離開。沒對錯。

選擇做螞蟻，還是做人？選擇名利權，還是做偉人？選擇世俗，還是烏托邦？那視乎你是否想及你有多少想實現最偉大的自己。神對尼爾‧唐納‧沃許（Neale Donald Walsch）《與神對話》（Conversations with God）的作者說：
"The purpose of life is to create your Self anew, in the next grandest version of the greatest vision ever you held about Who You Are. It is to announce and become, express and fulfill, experience and know your true Self." 意：「人生的目的是在你對自己是什麼的最大願景的下一個宏偉版本中重新創建自己。它是宣布和成為，表達和實現，體

驗並了解你的眞實自我。」

人不知道六道以外還有不同烏托邦世界。烏托邦世界就是愛的世界。物質世界不是最大，愛最大。你懂眞正的愛，你才能脫離六道輪迴，進入烏托邦世界。

所以回應網站UtopiaEd.com第一句：我要地球邁向烏托邦是因爲了我的私心。因我知不是每人都喜歡烏托邦世界，也不是每人都喜歡、想成爲偉大的自己。尤其特別背後那些隱藏的邪惡人仕或邪惡的非人類存在體，又或背後那些隱藏的更大的名利權的人都很不喜。

4. 我並不是針對任何人，我是針對那「名利權」這系統、遊戲規則、社會模式、體制。學校都是做生意，社會亦以商業爲主，商業就是以名利權主導。它本質就已是有問題、錯漏百出、副作用極強、後遺症嚴重。它目的不是以人道出發，它目的已是不純正、不自然，是刻意想分化人類所謂「正邪」、不團結、有階級之分、不和諧、明爭暗鬥、互攻、破壞、虛假、虛僞等等太多一連串負面。A和B兩人互不相識，之間無仇，但卻因一上場在某工作職位身分，就要與對方有仇。年復年、日復日，人民不但不會快樂、幸福，時間夠久，反會互相纖滅、戰爭、世界滅亡、民族大清洗、文化消滅，而這在過去地球歷史也曾發生過。這系統／遊戲規則／社會模式／體制令人變成壞人、邪惡，只不過比較上來，壞少點、邪少點，就被當作稱爲所謂「好人」、「正派」。所有人、好人、壞人、黑白兩道、正邪全都因這「名利權」系統、遊戲規則、社會模式而受

傷害，無人有眞正得著。

5. 其實人與人之間互有所需，所以有接觸、互動。但期間若得不到預期所需的風險就是攬炒，雙方都會痛苦、損失。所以避免或減少這風險，寧願不如無條件給每人必需的。這不是斬腳趾避沙蟲，而是攬炒的風險及痛苦、損失大於無條件給每人必需的，而且無條件給出的你也可受人眞愛你及所有每一個人（包括你自己）都很快樂、滿足、安全。

以上我已刪除不從離地、源頭、眞相的觀點與角度看：我們是一個。而是從貼地、現實、實在的觀點與角度看：大家各自都有利益。離地與貼地都是一樣。

6. 如果你們能運用賺錢的渴求、才智、才能、慾望放在無條件改善世界上，那你們的世界就眞的無得頂（意很棒），而你們就是這世界最大的偉人。

7. 或許卽使我眞的只是自我對號入座成唐三藏的角色及身分（因我都常有自我懷疑，有時甚至乎太過不相信自己，自以爲錯。他則剛相反，自我肯定，有時甚至乎太過分相信自己，自以爲是／自以爲對。）但我今生完全不似一個普通人，你看我寫這些東西就知啦！好另類，另類通常都被指不是天才，就是蠢材，不是聖人，就是騙人。

但最起碼發生在我身上及我所經歷令我**發現那本《西遊記》所謂「小說」、「故事」裡的唐三藏及孫悟空是雙生火**

焰。而「雙生火焰」這個詞語只要你去搜尋視頻及英文書籍，是早已確實存在。唐三藏和孫悟空的性格完全吻合雙生火焰的條件及定義。所以好肯定一個結論：**《西遊記》絕非一本虛構小說那麼簡單而已。**他的寓意、意思、意義最起碼都是來自神聖、靈性。世人應好好respect（尊重）及領悟。

8. 我和悟空都不會露面、都不會見大家。如有人聲稱知道我們是誰或認識我們，他們都只是想欺騙大家、想找著數、抽水、想攻擊我們、想陷害無辜者、或破壞好事，可以一律不用理會，這些都就是邪惡的人在玩手段、玩陰謀。我或者會委托一些人或一些機構代辦一些事，如有需要，我才會在網站讓大家知道。

9. 讀者請到UtopiaEd.com瀏覽我的網上課程。有些額外很好的解釋、影片、資訊是此書沒有，很建議去瀏覽我的網上課程及我Blog內的文章，因這才完整表達我想傳遞給你們的信息。及也可subscribe（訂閱）我們以下的網站。

網站：
悟空與三藏	MonkeyKingAndTangMonk.com
烏托邦教育	UtopiaEd.com
雙生火焰	TwinFlames.cc
新小孩	NewChildren.net
西經	WesternScriptures.com

第三十四章
主題曲

　　神在《與神對話》裡說：祂對人溝通可以透過一首歌曲、一套電影、一個人的一句說話等等。我寫這本書時，我「收到」以下這首歌。

《未開始的故事》

主唱：戴祖儀Joey

作詞：張美賢　　　　作曲：徐洛鏘／Label Li

編：黃兆銘　　　　　監：何哲圖／韋景雲

到處去 無悔之旅 遇著陌生的誰
你與我 努力下去 沙會變堡壘
到處去 寒冷之最 烈日或者風雷
要笑便笑 痛極了 痛快地流淚

我想的總會有 無須將就
青春不悔疚 已經足夠
若沒閃閃星宿 自己的光會 照亮著宇宙

*飛的感覺 未開始 風景也不知
飛出去未開始 可以盡量地構思
在小島 起個特大夢想國 很鼓舞的事

第七部分
最後啟示、結語、後記

天空小說 未開始 就寫一次
當寫滿萬張紙 只要被閱讀一次
不要臉 擁戴或是被諷刺 不改我的字
所以別猶豫 做自己的定義
不可三心兩意 學會堅持 自有精彩故事

我想的總會有 從不將就
青春不悔疚 已經足夠
閱歷天天加厚 用心的演奏 壓軸在最後
Repeat *

上天憑這歌，告訴我，它接近完全反映我此刻及未來的狀況。

無悔之旅：改變世界，拯救人類，揚昇地球之任務
堡壘：成績
飛：導眾生
小島：就是我所住的出生地
特大夢想國：一個模擬版的烏托邦的小社會
天空小說：就是這本好似小說，但確是真人真事的書
擁戴或是被諷刺：我預計兩者都會發生，我的話或／及我這人應會是極具爭議
不改我的字：都出版了，改不到。如有錯字或更好的表達，我會在網站說明修改及補充
壓軸：有大事發生

附錄

本書部分內容註明節錄來自以下書籍：

- 《與神對話全集・隨身典藏版》。尼爾・唐納・沃許。方智。2012。
- 《三波志願者與新地球》。朵洛莉絲・侃南。宇宙花園。2012。

國家圖書館出版品預行編目資料

悟空與三藏是雙生火焰：一本200%眞人眞事的
救世書／唐三藏著. --初版.--臺中市：白象文化
事業有限公司，2022.1
　　面；　公分
ISBN 978-626-7018-14-9（平裝）
1.人生觀
191.92　　　　　　　　　　　　　110011198

悟空與三藏是雙生火焰：
一本200%眞人眞事的救世書

作　　　者　唐三藏
校　　　對　唐三藏
發 行 人　張輝潭
出版發行　白象文化事業有限公司
　　　　　412台中市大里區科技路1號8樓之2（台中軟體園區）
　　　　　出版專線：（04）2496-5995　　傳眞：（04）2496-9901
　　　　　401台中市東區和平街228巷44號（經銷部）
　　　　　購書專線：（04）2220-8589　　傳眞：（04）2220-8505
專案主編　林榮威
出版編印　林榮威、陳逸儒、黃麗穎、水邊、陳婷婷、李婕
設計創意　張禮南、何佳諠
經銷推廣　李莉吟、莊博亞、劉育姍、李如玉
經紀企劃　張輝潭、徐錦淳、廖書湘、黃姿虹
營運管理　林金郎、曾千熏
印　　　刷　基盛印刷工場
初版一刷　2022年1月
定　　　價　350元